森信三

女人開眼抄

nyonin kaigensho

ポケット版

致知出版社

装　幀——川上成夫
カット絵——桜福之助
編集協力——柏木孝之

○幸福とは求めるものでなくて、与えられるもの。自己の為すべきことをした人に対し、天からこの世において与えられる賜物《たまもの》であろう。

○幸福とは、縁ある人々との人間関係を噛《か》みしめて、それを深く味わうところに生ずる感謝の念にほかなるまい。

女人開眼抄　目次

一　人間の生き方

桜

綺麗な桜の花をみていると
そのひとすじの気持ちに打たれる

八木重吉

島木赤彦

高槻のこずえにありて頰白《ほほじろ》のさへずる春となりにけるかも
風わたる遠松原の音聞こゆ昨日も今日も冴えかえりつつ
冬山ゆ流れ出でたるひとすぢの川光り来も夕日の野べに
冬空の澄むころとなれば思ひいづる子の面影のはるかなるかな
みづうみの氷は解けてなほ寒し三日月の影波にうつらふ
谷川の音のきこゆる山のうへに蕨《わらび》を取りて子等と我が居り
ここにして遙《はろ》けくもあるか夕ぐれてなほ光ある遠山の雪

人生二度なし

「人生二度なし」。われわれの人生というものは唯《ただ》一回限りのもので、絶対に二度とくり返すことの出来ないものです。この真理こそは、いわゆる「真理」の名で呼ばれているいかなるものにも優先する絶対の真理です。否《いな》、これは真理という以上に、絶対的事実というべきでしょう。

＊

「真理は現実の唯中《ただなか》にあり」。真に深い真理、切実な真理というものは、絶対に動かぬ事実の中に存するもので、明白かつ深刻な事実即真理というべきです。

＊

われわれ人間も「人生とは何ぞや」とか、「人生の意義いかん」などと言っている間は、まだ人生の実際的活動への予備的段階ともいえる状態であって、真実の人生は、この「人生二度なし」という自覚が、日常生活に深く浸透《しんとう》して、人生を生きる根本的な原動力となり出してこそ、初めて真の人生が始まったといえましょう。

人生の意義

わたくしたち人間は、自分の意志とか、あるいは自己の力によって、この世に生まれ出たものは、ただの一人もないわけです。否、われわれ人間は、人類を越え、さらに万物をも越えて、それのすべてを生み出しつつあるこの大宇宙に内在する絶大な根本生命の「力」によって、この地上に生み出されたというにほかならないのです。さらに宗教的な言い方をすれば、「人間がこの地上の〝生〟を賦与《ふよ》せられたのは、神からこの世へ派遣せられたもの」とさえ言えるかとも思うのです。

＊

「われわれ人間は、それぞれ神からこの世に派遣せられたものである」とすれば、われわれ各自に課せられた使命は、いわばわたくしたちの体の中に蒔《ま》き込まれているわけであり、したがって何が自分に課せられた使命かを、わたくしたちは、各自で突き止めねばなりません。ところがそれが分かり出すのは、人生の二等分線を越える年頃で、即ち三十五才を中心とする小十年の間であって、遅くとも四十才までには、あら方その見当をつけねばならぬでしょう。

幸福と生き甲斐

もし人間が、幸せというものを、単に自分の欲望が充たされることだと考えているなら、われわれ人間はいつまでたっても、真の幸福にはなれないでしょう。それというのも、われわれ人間は、ある意味では「欲望の塊《かたま》り」ともいえる存在だからでありますす。すなわちわれわれ人間の欲望には際限がなく、充たされない欲望の連鎖が無限に続いているからです。

＊

そもそも幸福というものは、直接にこちらが求めたのでは、得られないものなのです。そうではなくて、自分の為《な》すべきことをした人に、いわば天（社会）から与えられ、恵まれるものなのです。すなわちわれわれ人間は、天から授かった自己の受け持ち、即《すなわ》ちその「分」を発揮することによって、真の幸福が恵まれるのであります。

＊

幸福獲得の三大秘訣

㈠　自分のなすべき勤め（責任）に対して、つねに全力を挙げてそれと取り組むこと。

㈡　つねに積極的に、物事を工夫して、それを美事に仕上げること。

㈢　人に対して親切にし、人のために尽くす。

われわれ人間は、以上の三カ条を守ることによって、一応幸福や生き甲斐を手に入れることが出来るといえましょう。

運命の自覚と超克

すべて人間というものは、自己の運命を自覚することによって、初めてその人の人生はスタートすると言ってよいでしょう。

＊

いっぱしの人間になろうと思う人は、少なくとも十年先の見通しをつけて生きる様でなければ、この二度とない人生も、結局は平々凡々に過ごす人と見てよいでしょう。もしそれを越えて、二十年も先まで見通して考えるとしたら、そういう人は、必ずやいっかどの人物になると見てよいでしょう。

＊

自分に対して与えられている色々な運命的な制約を、ハッキリ見定めた上で、如何にそれらを克服するかという事こそ、人生を真剣に生きようとする人にとっては、実に最大最深の課題といってよいでしょう。したがって、自己に与えられたもろもろの現実的諸条件をギリギリまで生かすことこそ、真にたくましい人間の生き方といえましょう。

＊

われわれ人間は、ある程度支障があり障礙《しょうがい》のあったほうが、かえって真剣になるといえそうです。つまり、ある種の障礙が抵抗となることによって、かえって人間はその潜在的《せんざいてき》エネルギーを発揮して、その突破を企てるものです。

＊

真に生き甲斐のある人生の生き方は、つねに自己に与えられているマイナス面をプラスに逆転し、反転させて生きるということでしょう。

つまりマイナスは、マイナスとしてこれを踏まえながら、渾身《こんしん》の力を揮《ふる》ってそこから脱出しようと努力しますと、全く思いもよらなかった新たな局面が、輝かしいプラス面として出現してくるものです。

人間形成

人間は、色々様々の苦難や不幸に対して、一体どのように対処したらよいか。

それは結局、それらの苦難のすべては、結局「天」がこの自分という人間を練り鍛えるために、与えられたものと考えるほかないでしょう。すなわち「天」がこの自分の人間的な甘さをとり除くために下されたものと考え、じっと腰をすえて、いつまでもそれに耐え抜くという心の腰をすえる他ないでしょう。

＊

「人間的な甘さ」とは、第一には自分自身を実際以上に買いかぶるということであり、第二には、そのために他の人の真価を正しく評価できないということです。それというのも、この人間的な甘さというものは、もともと自惚《うぬぼれ》心から来るものだからです。そして自惚心とは、結局自分を真価以上に考えることであり、いわばふくらし粉が入っていながら、それに気づかぬような滑稽《こっけい》さをいうわけです。

＊

われわれ人間というものは「師」を持たねばならぬ。そして、もしそれが終生《しゅうせい》をつらぬく「人生の師」であったら、それはこの世における最大のしあわせであります。

われわれ人間が、この二度とない人生を真実に生きようとしたら、なぜ「師」を持たねばならぬのか。それは、われわれ人間は「真理」というものを、単に書物の上で読むだけでは、観念的にしか捉えることが出来ないからです。真に生きた「真理」というものは、これを生み出した人自身によって語られ、さらにはその人が、その体を通して実践せられるのを眼のあたり見るのでなければ、真の趣は分かり難いからです。

かくしてわたくしどもにとっては、生きた真実の「真理」というものは、「師」を通して初めて身に沁《し》みて分かるわけであります。

＊

われわれ人間にとって、人間形成の三大要素というべきものは、㈠血による遺伝的な素質、㈡師もしくは先達《せんだつ》ともいうべき人、㈢逆境、すなわち人生の苦難というこの三つであり、これらは人間形成上不可欠な三大要素といってよいでしょう。

人たる道の根本的徳目

「正直」という徳は、われわれ人間が、世の中を生きてゆく上で、一ばん大切な徳目であります。それ故《ゆえ》、人は「正直の徳」を身につけるためには、ひじょうな勇気が必要なわけであります。と同時に他の一面からは、人は相手の気持を察して、それを傷つけないような深い心づかいがいるわけです。

*

「誠実」という徳は、「正直」という徳と比べてどういう点が違うかと申しますと、「誠実」というコトバの中には、正直ということ以上に、実行とか行為という色彩が強いと考えてよいでしょう。つまり誠実な人というのは、ひとり正直という徳だけでなくて、あらゆる事柄に対して、その人の言行に表裏がなく、つねに自分の言葉と行いの間に、ズレを生じないような努力を惜しまぬ人といってよいと思います。

＊

「誠実」という徳目には、自分の言った事柄については、たとえ人が見ていようがいまいが、それに関わりなく、やり続けるということが含まれていると言えましょう。したがって、自分のする仕事の手を抜くなどということは、もちろんありえないわけです。したがって、誠実な人とは、結局物事をするのに、つねに誠意をもって事に当たる人といえましょう。

＊

わたくしたちが人間として生きてゆく上で、今一つ大切な心がけは「相手の立場にいたって」ものごとを考えるということです。われわれ人間は、元来生まれつきすべての生物に共通な自衛本能をもっていますから、とかく自己本位になりやすく、したがって普通の考えだけですと、どうしても相手の立場を考えてみるということになりにくいのです。

＊

われわれ人間の対人的な悩みやもつれの多くは、相手の立場になって物事を考えないところから起きるわけです。つまり、自分としてはかなりな所まで、相手の立場になったつもりでも、当の相手から見れば、まだまだ足りないという場合が多いわけです。

＊

「できるだけ相手の立場を考えるよう――」ということの真理も、商取引や、団体組織の場合には、運営上譲歩し難い面もあり、したがってこの真理の適用は、主として普通一般の対人関係というわけです。ところが、これとても多少の例外がないとは言えないようです。それはたとえば相手の人間が、こちらをなめて掛かったような場合で、そういう場合には、われわれは、こうした一般的原則に囚《とら》われないで、毅然《きぜん》たる態度を以って処理に当たらねばなるまいと思うのです。

＊

われわれ人間には、生物としての根深い「自衛本能」があって、それは往々《おうおう》にして、一種の利己的本能として働くものです。かくして「われわれ人間は、肉体をもつ限り、完全には救われぬ」という諦観《ていかん》を、おたがいに心の奥深い所で、つねに忘れぬようにすることが大切だと思います。そしてこの諦観の叡知《えいち》によって、相手がなめているかどうかということも、自然に照らし出されると思われます。

自己教育

コトバを慎しむということは、われわれ人間にとっては、修養の初めであると同時にまた実にその終わりと言ってもよいでしょう。

＊

コトバの慎しみについて、古来もっとも重視した人の一人は、他ならぬ良寛《りょうかん》であります。それは良寛には「戒語《かいご》」といって全部で八十カ条以上に及んでいますが、それらのほとんどは、直接間接に、コトバについての注意なのです。

また葛城《かつらぎ》の慈雲尊者《じうんそんじゃ》は「十善法語《じゅうぜんほうご》」の十善のうち、言葉に関する戒めが、四カ条も占めているのです。これによっても、コトバというものが、われわれ人間にとって、如何に重大な意味をもつものかということが、分かるはずです。なお慈雲尊者のコトバに関する心得とは、㈠不妄語《ふもうご》、㈡不綺語《ふきご》、㈢不悪口《ふあっく》、㈣不両舌《ふりょうぜつ》の四つの戒めです。

＊

コトバに対する戒めのうち、最大なるものは、「両舌」すなわち告げ口です。つまり「両舌」というのは、いわば舌という刃物によって、それまで親しかった二人の人間の間を切り割《さ》くにも似た所業《しょぎょう》であって、これは文字通り「悪魔」のコトバといえます。ところが世の中の実情を見ますと、このような悪魔的な所業をする人間が必ずしも無いとはいえないようです。

＊

真の読書というものは、いわばその人がこれまで経験してきた人生体験の内容と、その意味を照らし出し統一する「光」といってもよいでしょう。それゆえ、せっかく深刻な人生経験をした人でも、もしその人が平生《へいぜい》読書をしない人の場合には、その人生体験の意味を、十分に嚙みしめることが出来ないわけです。

われわれ人間の読書の中心は、結局「自分」というものを、つねに内省できる人間になるということでしょう。それ故、わたくしたちは、平生読書を怠《おこた》らぬことによってつねに自己に対する内観を深め、それによって真の正しい実践のできる人間になることが、何より肝要です。言いかえれば、読書、内観、そして実践という三段階は、われわれ人間が進歩し、深められてゆくプロセスといってもよいでしょう。

＊

「われわれ人間は実行しない限り、実は全然知らないのと同じだ」——これは王陽明という中国の哲人の教えですが、われわれ人間は、頭の中でどんなにリッパなことを色々考えたとしても、実地にそれをやらなかったとしたら、それは夢まぼろしに過ぎないといってよいでしょう。

感謝と奉仕

幸福というものは、現在自分の置かれている境遇の意味を、深く噛みしめる所に味わえるようです。そして現在自己の置かれている状態が、この自分のような人間にとっては、まことに分に過ぎた忝《かたじ》けないことである——という感謝の念をもつ事が出来れば、真に幸福な人といえましょう。

＊

感謝の生活というものは、実は必然に奉仕の行を伴うものです。単なる感謝の念だけで、それがいまだ奉仕の行として発動しないとしたら、そのいわゆる感謝の生活というものも、まだ観念的な程度だといえましょう。また奉仕業を自分の分相応につづけていますと、いつしか真実の幸福感が恵まれるようになり、さらには、しだいに感謝の念にも目覚めるようになりましょう。

＊

「すべて卓《すぐ》れた資質を恵まれた人は、自分の力の二割五分前後を、他のために割くべき義務がある」ということは、人生の深い真理なのです。それは「なるべく割く方がよい」というのではなくて、まさに「割くべき義務がある」ということです。そしてこのような義務感から生まれるものこそ、はじめて奉仕といわれ、さらには献身というに値する行為ともなるわけです。

家族・友人関係

家庭というものは、おたがいにわがまま気ままに手放しで放言しがちなために、とかくむつかしくなるわけです。したがって、一家の経済的責任を分担していない者は、「自分は一種の無料宿泊人ゆえ、エラそうなことを言う資格はない」という考えが、心の底にハッキリしていたら、大して物言いは起きないはずです。同時に、この点が分からなくて、つねにわがまま気ままを言うようでは、結局その人が、まだ人生に対して甘えが除《と》れていないせいだという外ないでしょう。

＊

「家庭における心がけ」の根本も、結局は、家族の全員が「縁あってこの世という旅の一夜を、共に泊り合わせた、いわば一種の〝相宿同士〟だ」と考えるとしたら――。事実また、やがてはそれぞれ独立して、わが家を離れてゆくわけで、否、すべての人がついにはこの世からも去ってゆく日がくるわけです。したがって、もし以上の真理を、たがいに心の底にしっかりとつかんでいたら、家庭のイザコザなどというものは、元来起こり得ないはずです。

＊

「友情」において最も大切なことは、常に相手の人に対してその「信頼を裏切らない」ということでしょう。そして一切は、この一事に尽きるといってよいかとも思われます。すなわちそれは、どこまでも「相互信頼」ということが、友情を支え、かつこれを持続させる根源力と申してよいでしょう。

＊

「友情」の永続については、やはりある程度の努力が必要であり、そしてその努力のうち最大なるものの一つとして文通——とくにハガキの活用をお奨めしたいのです。ハガキによって、互いに友情を温め合うことほど、世にも楽しいことはないともいえましょう。

＊

女性が友情を持ち続けるには、男子に比べて、三倍から五倍もの努力を必要とすることでしょう。そして友情持続の方法としては、やはりハガキの活用が第一であり、次に同じ都会に住んでいる場合には、電話の活用も、女性にとっては認められてよいかと思います。

＊

とにかく女性の場合には「何ら気兼《きが》ねや遠慮なく、一切が打ち明けられる心友《しんゆう》」の必要は、男子に比べて、これまた三倍、五倍といってよいでしょう。したがってまた、女性同士の友情は、男子のそれに比べて、その価値もまた三倍ないし五倍と言ってよいかと思うのであります。

知識と知恵

知識と知恵とはどう違うか。知識というものは、いわば部分的な材料知であるとすれば、「知恵」というものは、その人の体に融け込んで、自由に生きて作用《はたら》く知性だといえましょう。言いかえると、知識とは、他人《ひと》から聞いたり本などで知った知であるとすれば、知恵とは、自分で問題を発見し、それを突き止めることによって、自分の身についた知といってもよいでしょう。

＊

真に生きた知恵を、身につけるということは、非常にむつかしい事で、決して容易な問題ではないのです。それ故卓れた人生の師のコトバを傾聴すると同時に、できるだけ人生の知恵を含んだ生きた書物に接するほかないわけです。しかし結局は、自分自ら人生の苦労というか逆境の試練によって、「血税」ともいうべき授業料を納め、「世の中」という生きた学校において、体をしぼって身につけるよりほかないといえましょう。

*

知恵とは、いったいどういうものか。

㈠ 先の見通しがどれほど利くか
㈡ 又どれほど他人の気持ちの察しがつくか
㈢ その上何事についても、どれほどバランスを心得ているか

等々だともいえましょう。しかしそれらに関連して、さらに物事の潮時とか手の打ち方、さらには物の程度とか加減とかいうことなども、知恵の一種といってよいで

しょう。

われわれ人間の知恵の作用《はたらき》を支えて、それらを成り立たせているものは、結局、人間心理への「洞察」というものでしょう。したがってこれこそ、真に聡明な叡知の人かどうかの尺度《しゃくど》といえましょう。

＊

真の知恵をもつか否かによって、人物の大小が決まるといってもよいでしょうが、しかしそれは、自己中心的な支配欲につながる場合もあって、必ずしも常に人物の深浅につながるとは限りません。真に深奥《しんおう》な人格とは、結局、自分と縁ある人びとの苦悩に対して、それぞれに深く共感しつつ、その心の底に「大悲《だいひ》」の涙を湛《たた》えつつ、人知れずそれを嚙みしめ味わっている底《てい》の人ではないかと思います。

＊

原罪――その三種の現われ

われわれ人間の心には、もっとも深い根ざしをもつ三つの業根ともいうべきものがあります。その第一は「性」に根ざすものであり、第二は嫉妬の念であり、そして第三は搾取という罪悪だと思います。第一の性に関するものを、種族保存に基づくものとすれば、第二の嫉妬心は自己保存に根ざす罪悪性であり、第三の搾取に至っては、まさに社会的罪悪といってよいでしょう。すなわち、他人の労力の成果に対する一種の組織的な盗みと言ってよいわけです。

＊

そもそも嫉妬《しっと》の本能は、元来女性にのみ限られたものではなく、むしろ男の世界における嫉妬心のほうがより深刻ともいえましょう。それというのも嫉妬の本能は、自己の社会的存立の根底につながるものと言えるからです。したがって、自己の存立の根底をおびやかすような強大な同質者が出現しますと、どんなにえらいといわれる人でも、それに対して一種の敵対的な身構えをせずにはいられないのであります。

＊

以上三種の罪悪性の根底には、実はさらに根深い巨大な「悪」の塊りが横たわっているのでありまして、それを仏教では「業《ごう》」といい、キリスト教では「原罪《げんざい》」といっていますが、その本質は何かといえば、結局われわれ人間というものは、すべての物事に対して「自己中心的」な見方をし、かつそれに基づいて行動しがちな根本的傾向が生得的にあるということです。

人間のネウチ

隠岐《おき》の「学聖」と言われた永海佐一郎先生という方は、「人間の真のネウチはどこにあるか」という問題について、次のような定式を立てておられます。

仕事への熱心さ×心のキレイさ＝人間の価値

したがって先生の眼から見られると、自分の職務に対して不十分な大臣より、職務に忠実な小学校の用務員のほうが、人間の真のネウチは上位にあるというお考えなのであります。わたくしは、その明確さに対して、心から敬意と讃歎《さんたん》の念を禁じえないのですが、ただわれわれ凡人としては、少し基準をゆるめて、「キレイな心」の代わりに「暖かい心」ということにして頂けたらと思うのです。

＊

「心のキレイさ」とは、人のために尽くしながら何ら報いを求めない心、いわゆる「無償の行為」に徹した人をいうわけです。ところが「心の暖かい人」とは、人のために親切にするという方に力点が置かれていて、報いを求めるという心が、完全に根切りにされているとまでは言えない場合もないとは言えないでしょう。ですからわたくしたちは、仮に心のキレイな人には到りえなくても、せめて心の暖かい人間にはなりたいものです。

人間も「報いを求める心」から抜け出すことが出来たら、その時はじめて、真に心清らかな人——と申せましょう。同時に、そこに初めて真に人間の気品というものも出てくるわけです。

*

「報いを求めぬ」境涯にいたる一つの方法は、全く人の知らない所で、なるべく多く善行《ぜんこう》を積む工夫をするということでしょう。たとえば、ご不浄の中に落ちている紙屑《かみくず》の類を拾って、それを容器の中へ入れておくとか、さらには人の粗相《そそう》をした跡を、人知れず浄めておくとか、すべて人目に立たぬところで——なるべく人に気付かれないように——善行を積むということです。こうした種類のことを一心に努めていますと、善行に対して報いを求めるという心根が、次第に薄くなってくるようです。

*

人間の人柄、とくに心のゆかしさというものは、人の気付かないところで、その人がいかなる心を持って、どのような事をするかということによって決まるともいえましょう。人間が人知れず抱く心根や、人に知られぬ所で行う善行こそ、その人の気品のゆかしさをつくる基礎になるわけです。

日常のたしなみ

三つのたしなみ

㈠　朝のあいさつは爽《さわ》やかに
㈡　人から呼ばれたらハッキリした返事を
㈢　席を立ったら必ずイスを入れ、履物を脱いだら必ず揃《そろ》えて置く

これらの三つは、われわれ人間が、何人もその日常生活において、どうしても守らねばならぬ最低のたしなみともいえましょう。

＊

電話のかけ方については、まず第一は長話をしないということ。短い時間のうちに、話の要点をハッキリ先方に伝えること。しかも先方の人に、こちらの切れ味というか鋭敏さを感じさせないように、どこかオブラートに包んだような趣《おもむき》があるという事。とにかく電話の恐ろしいのは、先方の顔が見えないという点で、ほんとうに、正しい電話のかけ方というものは、なかなか卒業できないものです。

*

歩き方の問題ですが、それには常に真っ直ぐな姿勢で歩くということ。そしてそれには、いつも腰骨《こしぼね》をしっかり立てていることが大切です。同時に、眼をキョロキョロさせないということも、大事な心がけの一つです。いわんや女の人で、自分とすれ違った同性の後ろ姿を、ふり返って見るなどということは、いかにもはしたない業《わざ》です。

*

乗り物で腰かける場合の望ましい姿勢は、やはり常に腰骨を立てて、うしろにもたれかからないこと。そして女の人は、必ず膝頭《ひざがしら》から足のくるぶしへかけて両脚をピタりと揃えて、割らない割り箸《ばし》のようでありたいと思います。女の人の心のしまりは、その人が乗り物に乗っている際に、一ばんよく分かるといってよいでしょう。

＊

たしなみとは、真に身についた教養ということです。たとえば、いわゆる学歴の上ではBの方が上でも、もしたしなみという点に欠けていたとしたら、周囲の人びとは、たしなみの点ですぐれているAのほうに敬意を抱くはずです。そしてたしなみはそれぞれその人のからだに根ざすものですから、いざという場合、にわか細工が利かないのです。それ故小さな少女の頃から心がけて、ぜひ身につけるようにしつけたいものです。

金銭の問題

金銭というものは、いわば現実界の事物の「引換券」だとも言えましょう。それ故人は金というものを軽視しては生きていけないのです。そしてお金を軽視する人は、一生の内で必ずその手痛いシッペ返しを受けるようです。

＊

金銭というものは、われわれ人間には欠くことの出来ないものですが、同時にわれわれ人間は、そのために金銭の奴隷《どれい》になってはならぬのです。それどころか、つねに金を支配し得る人間にならねばならぬわけです。

＊

お金というものは、一種の流通物であり、その点では水とよく似た性質です。収入が多いからとて必ずしも、いわゆる金持ちとは限らず、また収入が少ないからとて、必ずしも赤字で困っているとは限らぬのです。というのも、バケツにおいては底が大切なように、いかに大きなバケツでも、底に穴があっては、水がたまらぬどころか、流出してしまうのです。たとえ収入は少なくともその人の心がけ次第で、たとえ金持ちにはなれなくても、金に困らぬ人にはなれると申せます。そしてそのためには、まず社会の一員となった最初に、「基礎蓄積」というものを心がけることです。
そしてそれが出来るまでは、たとえコーヒー一パイでも自分一人では飲まぬ――というくらいの堅い決心が必要なようです。

*

そもそもお金というものは、人のために使ってのみ真のネウチを発揮するといえましょう。つまりお金というものは、それを単に自分の欲望を充たすだけに使うのは下であり、欲望に打ち克って使わないのは中、そして基礎蓄積の土台を踏まえ悠々《ゆうゆう》と、時には人のために金を使うというに至って上ということができましょう。

仕事のさばき方

「義務を先にして娯楽を後にせよ」――このコトバは、一見ありふれた平凡なことのようですが、しかしこの真理は、われわれの日常生活において、その応用の範囲が一ばん広大だともいえましょう。というのもこの真理は、誰でもその気になりさえすれば、守れぬわけではないからです。しかもこれを守ることによってその人は、一歩一歩確実に、自己をリッパな人間に鍛え上げてゆくことができるからです。

＊

仕事の処理というか、世俗的な雑事のさばき方のいかんが、実はその人がリッパな業績をあげるか否かの岐《わか》れ路《みち》といってもよいでしょう。その心がけとして

(一)「義務を先にして娯楽を後にする」という現実的真理を常に堅く踏まえて事を処理すること。

(二)「なるべく早く——できれば直ぐにその場で着手する」というのが、最大の秘訣《ひけつ》といってよいでしょう。つまり「心の負債」を出来るだけつくらぬように——ということです。

＊

逆算的思考法とは、出来上がりの完成像を、できるだけ鮮明かつ的確に想い浮べ、そのために必要な準備や着手の時期などを算出する思考法で、現実界においては、事柄の大小に拘《かかわ》らず、ほとんどの事柄が、この「逆算的思考法」と無縁なものはないはずです。

したがって、この「逆算的思考法」の練達者《れんたつしゃ》は、ある意味では、この人生における一成功者といってもよいでしょう。

耐忍の徳

耐忍《たいにん》とは、この現実界におけるもろもろの重圧の下に身を処《しょ》しながら、しかも自分の生命の全的緊張によって、かかる重圧に対して、いわば一種の消極的抵抗の姿勢の持続にほかなりません。それ故、古来われらの先賢によって〝耐忍〟の意義の重視せられたことは、何ら怪しむに足らぬわけです。何となれば、この現実界においては、かかる耐忍という生命の煉獄を通過しないで成就《じょうじゅ》せられた、いかなる価値あるものもかつて無いからです。

*

われわれ人間としては、一たん決心した以上は、何とか、それが永続するように工夫する必要があるわけです。ところで、一たん決心した以上、かならずやり抜く人間になるための最深の秘訣は、結局つねに「腰骨を立てている人間」になるということでしょう。

*

「腰骨を立てる」ことによって、われわれ人間には、注意の集中力と持続力が身につき、そのうえさらに判断力さえ明晰《めいせき》になるのです。否、そればかりか、一だんと行動的になり、実践的になるのです。

何となれば、われわれ人間は、身心相即的《しんしんそうそくてき》な存在ゆえ、心をシャンとするためには、先ず体をシャンとすることから始めるほかないからです。

人生の終結

「われわれのこの人生は、二度とくり返し得ないものだ」――というだけでは、まだ十分だとはいえないと言ってよいでしょう。というのもその上さらに、「われわれ人間は、いつ何時《なんどき》死なねばならぬか知れぬ」ということがあるからです。同時にこの二つの真理が切り結ぶようになって、初めてわたくしたちも、多少は性根《しょうね》の入った人間になれるといってよいでしょう。

＊

人生の締めくくりについて、一体どういう事が大切でしょうか。かく考える時、真先にわたくしの頭に浮かぶのは、「自伝」を書き残すということです。多くの人は、「われわれ程度の人間が、自分の伝記を書くなどということは、全くおこがましいことだ」と思われるでしょうが、この二度とない人生を真実に考えた時、一体それですむでしょうか。子孫に自分の血を伝えた以上、自分の生涯のあらましを書き残す義務があるとさえ言えるのではないでしょうか。

一日は一生の縮図なり

この二度とない人生を充実して生きるといっても、結局突きつめた最後は、この今、日という一日をいかに充実して生きるか、という努力のほかないわけです。「積小為《せきしょうい》大《だい》」つまり「小を積んで大と為す」――これは二宮尊徳のコトバですが、人間の一生といっても、結局は一日一日の積み重ねのほかないわけです。

＊

一人の人の人生が、真に充実した一生になるかならぬかは、その人が「今日」一日の仕事を、予定通りにやり遂げるか否かによって分かれるわけです。言いかえれば、われわれの人生は、結局「今日」という一日の上に、その「縮図」が見られるわけであって、これ「一日は一生の縮図なり」といわれるゆえんです。

*

われわれ人間が現実に行い得ることは、ささやかな、ある意味でははかないものに過ぎません。しかし「ねがい」としては、常に「至高《しこう》のねがい」を抱き続けたいものです。

では、人間至高のねがいとは何かと申しますと、それは「この地上の人類のすべてが、真に幸福になるような時代を待ち望む」ということではないでしょうか。だが、このような至高のねがいを抱き続けるということは、容易なことではありません。そこでわたくしは、次のように申したいのです。それは「われわれ人間は、自分の周囲に一人でも不幸な人のある限り、現在の自分の幸福を手放しでよろこんでいては相済まぬ」ということで、これをいつも心の底深く念じて忘れないということです。同時にこれなら、だれ一人として「自分にはとても出来ない」とは、言えないはずと思うのであります。

二　女性のしあわせ

不思議

こころが美しくなると
そこいらが
明るくかるげになってくる
どんな不思議がうまれても
おどろかないとおもえてくる
はやく不思議がうまれれば
いいなあとおもえてくる

八木重吉

斎藤茂吉

死に近き母に添寝《そひね》のしんしんと遠田《とほだ》のかはず天に聞ゆる
草づたふ朝の螢《ほたる》よみじかかるわれのいのちを死なしむなゆめ
高原に光のごとく鶯《うぐいす》のむらがり鳴くは楽しかりけり
かへるごは水のもなかに生れいでかなしきかなや浅岸に寄る
うつせみのつひのねがひか日もすがら山かわの音を聞けど飽《あ》かなく
最上川逆白波《さかしらなみ》のたつまでにふぶくゆふべとなりにけるかも
いつしかも日がしづみゆきうつせみのわれもおのづからきはまるらしも

両性の分化とその神秘

この地上に出現しているもろもろの生命は、単細胞生物以外は、それぞれの段階に応じてすべて雌《めす》・雄《おす》に分化して、その生殖《せいしょく》作用が行われているという事実、そして、われわれ人間もまた「男女」という両性に分かれて出現したということは、まことに驚歎《きょうたん》すべき大宇宙の「神秘」というべき事柄です。

＊

男女両性の別は、その根ざすところ実に深くして遠く、結局は大宇宙生命の神秘そのものにその淵源《えんげん》をもつわけです。それ故、こうした男・女をほとんど区別しないような考え方や扱い方は、いかに大きな誤りであるかが深省《しんせい》せられるべきであって、いわば大宇宙の「神秘」に対する絶大な冒瀆《ぼうとく》というべきでしょう。

＊

大戦争によって、男子の数が大きく激減した直後の数年間は、いっとき男児の出生率が激増するという現象は、全《まった》く大宇宙の「神秘」という以外に、いかなる説明もしがたい、誠に深遠極まりない事象といわねばならぬ。

＊

もし、この世が男女いずれともつかぬ中性的な人間一色で塗《ぬ》りつぶされてしまったとしたら、この世はいかに無味単調なものとなることでしょう。もちろんそうした場合には、いわゆる両性間の悲劇というようなものは起こらないでしょうが、同時にいかに味気ない平板《へいばん》極まるものになることでしょう。かくして人間が男女の相《すがた》をとってこの世に現れて来るということは、そこに限りない「神天」の意志がはたらく絶妙《ぜつみょう》な相というべきでしょう。

両性の相違とその使命

人間の精神における三作用たる知《ち》・情《じょう》・意《い》のうち、男性の勝《すぐ》れているのは知と意志の働きであり、それに反して女性のほうは、心情がもっとも典型的属性だといえます。それというのも男性は、世間に出て他の男性と角逐《かくちく》しつつ、妻子を養う物資を手に入れることが、その主たる任務であり、これに反して女性の方は、子どもを生み、哺《はぐ》くみ育てて教育するのがその任務だからであります。

＊

それ故、こうした男女の根本的な役割があいまいになりかけた時代には、元の原始の本源に遡《さかのぼ》って根本的に考え直してみる必要があるわけです。それというのも、人間も結局は生物の一種たることを免《まぬが》れない以上、男女両性を、一度その「原型」としての雌・雄に還元して考え直してみるべきだからです。

＊

男子の幸福とは、結局自己の仕事に対して一切後顧《こうこ》の憂《うれ》いなく、それに打ち込めることだといえましょう。それ故、男性に必要な性格としては、「勇敢」にして「大胆」、さらには「剛毅《ごうき》」という心性が必要なわけです。

＊

これに反して女性の幸福は、直接自分の特徴とか個性を発揮するよりも、夫をして後顧の憂いなく、雄々《おお》しく敢闘《かんとう》させると共に、子女を健全に育成する任務を、リッパに果たすことだと言えましょう。

＊

そもそも女性の本質は、「陰《いん》」をその本然の原理とし、それはまた「柔《じゅう》」の原理ともいえますが、もともと生命の受容態がその本来でなければなりません。しかるに、戦後わが国の女性は、男性を模倣《もほう》し、積極的に男性と角逐しようとする傾向が生じつつあるのが現状であります。しかしこれは、ひとり女性自身の原型を損《そこな》うばかりでなく、その結果さらに男性をも傷つける現象を生じつつある有様《ありさま》です。

＊

「男らしさ」とは、たのもしい人間であり、イザという時、たのみになる人間だといえましょうが、しかし男性のたのもしさは、単なる肉体的な力だけでなく、また勝れた知性のはたらきだけでなくして、根本的には「責任感の強さ」だというべきでしょう。

＊

これに反して女性の特質は、すなおさとやさしさにあると言えましょうが、しかしこのすなおさは、男女両性に根ざす最も深い真理によるものであり、やさしさはわが子を哺くむその天性の使命からきているわけです。

＊

男性のねうちと女性のねうちとでは、その標準が根本的に違うわけです。男のねうちは、何か一つの事柄に対して独特の腕前の有ることが大切です。これに反して女性のねうちは、男性のように、一つの事に専門的に通じるということではなくて、人間生活の「場」としての「家」を整え、わが子を育て、家事が巧《たく》みであるということが最も大切なことと言えましょう。

男子の教育と女子の教育

女子教育は、一面からは男子と共通的な基盤に立つ必要があると共に、他の半面には男子と違う一面がなくてはなりません。では、女子教育において、もっとも重要な点は何かと申しますと、それは、知識よりも教養《たしなみ》だといえましょう。

＊

「教養」とは、すべての知識や技能が人間的に融《と》かされ、生かされている状態を言うのでありまして、真に自分自身の体に融け込んだものをいうわけです。それ故、真の「教養」というものは、現在のような学校教育だけでは、絶対に授けられるものではないとも言えましょう。

＊

男子の教育はこれに反して、それぞれの専門的な特殊部門の知識技能を身につけることが肝要《かんよう》であるに対して、女性の場合は、ごく一部の人を除いては、その知識技能は直接にか間接にか、家庭生活の上に生かされるのでなければ、その価値を発揮しがたいとも言えましょう。この点は、女子教育において改めて深く考慮されねばならぬ点でしょう。

＊

教養というコトバは、英語のカルチュアとか、ドイツ語のビルドゥングからきた訳語であって、本来の日本語で言えば「たしなみ」という言葉が最もふさわしいと言えましょう。それというのも「たしなみ」とは、その人々の人柄とか人格に融け込んで生きているものをいうのだからです。

＊

学校教育というものは、人間の「たしなみ」のための重要な基礎づくりといいえましょうが、しかし人間は高度の学校教育を受けなければ、たしなみを身につけることは不可能かというと、必ずしもそうとは限らぬようであります。とりわけ女性の場合には、大学を出たという程度のことは、必ずしも大したことではないということを深く心得て、生涯「自己教育」の一道を歩むという態度を真に確立して頂きたいものです。

恋愛について

女性にとってその生涯における最大の関所《せきしょ》は何かといえば、一おうそれは結婚だといえましょう。しかし、この結婚という関所をくぐる前に、何らかの意味において恋愛という人生の試練を経験するというのが、多くの人々にとって、ほとんど不可避《ふかひ》といえましょう。それ故「恋愛」というものを抜きにした女性論は、結局「魂」のぬけたものとも言えましょう。

＊

恋愛とは、一体いかなるものでしょうか。恋愛とは造物主が男女両性を結合させるために仕かける、一種のトリックだとも言えましょう。しかしこのような考え方は、おおよそ美的ないしは文学的なものではなくて、いわば哲学的ないしは形而上学的《けいじじょうがくてき》な恋愛観といえましょう。ここで「形而上学的」というのは、純正哲学的な立場という意味であり、最も深い宇宙的大観の立場ということです。

＊

恋愛は、造物主が人類の繁栄のために仕かけたトリックであり、若い男女はとかくそれに引っかかって結婚し、そして間もなく造物主の目論《もくろ》み通りに、そこに子どもという後継者が生まれるわけです。それというのも、こうして「恋愛」というような一種の非常手段にでも訴えないかぎり、人間はなかなか結婚したがらないわけですが、それではやがて人類は絶滅の危機に陥りますので、造物主としてはどうしても、一種のトリックに掛けるほかないわけでしょう。

＊

造物主の仕かける「トリック」とは、つまり相手方の長所は非常に拡大して見え、短所は縮小化して、ほとんど眼に入らないようにさせる作用をいうのです。それ故われわれ人間は、ひとたび恋愛にとりつかれますと、自分が結婚しようとしている相手は、もはやこの広い地上にこの人のほかにはない——と考えるようになるわけです。この点に「恋愛」における甘美《かんび》な夢も幻滅《げんめつ》の悲哀《ひあい》も原因するわけです。

結婚について

物事にはすべて長短の両面があるわけですが、今恋愛結婚の長所としては、双方の性格上、たがいに補《おぎな》い合う相補関係《そうほかんけい》として選ばれる点ですが、欠点は、第一に当事者・双方にわがままが出やすいという点であり、第二に、結婚について必要な種々の社会的現実的な諸条件を無視したり軽視しやすいという点でしょう。

＊

見合結婚の長所は、第一に、恋愛結婚のようにわがままから出発しないという点で自己制御からその結婚生活が始まるという点でしょう。そして長所の第二は、双方の家庭の社会的地位や、また当事者双方の学歴その他の条件が、一おう客観的に釣《つ》り合いがとれている場合が多いという点でしょう。

＊

恋愛結婚と見合結婚のうち、いずれがはたして良いかという事については、一般的な結論は出しにくく、ここにも「すべて現実界の事は一長一短」という真理が窺《うかが》われるわけです。それ故、強《し》いて言えば、自由な見合によって、そこに恋愛に近いものが生まれたとしたら、それはこの現実界においては、ほぼ理想に近い結婚の仕方といえましょう。

＊

結婚というものは、文字通り人生の「一大事」であり、古来「人倫《じんりん》の大本」と呼ばれて、この地上における人間関係の成立する根源であります。それというのも親子さえも、実は夫婦あっての事だといえるからです。しかしその反面、そうした夫婦そのものが又それぞれ親子関係あって、初めて成り立つことを考えますと、そこに「生命」の最も深い循環の作用《はたらき》を思わざるを得ません。言いかえれば、結婚という「大事」の成立する根底には、結局「縁」とでもいうほかない大宇宙生命の至大にして至深な無限の連関関係が作用《はたら》いているという他ないでしょう。

＊

なるほど男子にとっても、結婚は人生の一重大事ではありますが、しかしそれは必ずしも「唯一」の重大事とはいえないでしょう。何となれば男子の生命は、第一義的には事業であって、家庭的和楽《わらく》には存しないからです。しかるに女性にあっては、その第一義的な任務は、どこまでも家庭であって、家族の全員の「生」を全からしめる点に存するのであり、男子のように、国家社会における一部署に就《つ》いて働くことではなくて、わが夫をしてその事業遂行上、後顧の憂いなからしめる所に存するといえましょう。

女性のつまずき

男女両性の関係は、男性の方は積極的選択の立場に立つに反し、女性は受身的選択の立場に立つものです。かくして女性の聡明さは、自己をつつましやかに受身の状態におくとき、初めて発揮できるわけです。同時にそこからしてまた男子の選択は、一種の相対性をもっているが、女性の受身的選択は、ただ一回にして一回に限られる絶対的選択ともいえましょう。

＊

両性関係を他の喩《たと》えで申せば、男性はいわば沢山の弱い矢をもっている寄《よ》せ手《て》の武士のようなものであり、女性はただ一つの盾《たて》、しかもそれは非常に強い盾をもつ防ぎ手のようなものです。つまり男性のほうは攻め手として沢山の仇矢《あだや》を射るわけです。しかし女性のほうは非常に強い盾を持った防ぎ手ですから、もし女性にしてどこまでも防ぎ手としての自分の立場を忘れないとしたら、相手の矢に傷つくことはないはずです。

＊

ところが女性がもしこの自分の本性を忘れて積極的になり、いわんや盾を投げ捨てなどしたら、それこそ満身に瘡痍《そうい》を受けること必定《ひつじょう》であります。そもそも女性が真に「イエス」というべき場合は、その長い人生においてただ一度しかないのです。そしてここに女性は、自己の身の持し方をいかに慎重にしても、決して過ぎるということのないゆえんがあります。

＊

女性のつまずきは、帰するところ自惚心《うぬぼれごころ》より起こるものといえましょう。ですから女性としては、一切の自惚心を去ってつつましく純一に、その本性たる受身的選択の態度に徹する時、そこには男子も及ばぬ聡明な叡智《えいち》がはたらくのであります。

＊

実際、男性の中でもずるい男ほど、若い女性との関係を求めることが上手なようです。これに反して真に頼もしい男性というものは、ともすれば若い女性にはその真価を見出し難いという傾向があるようです。それというのもそういう男性は、初対面の女性には、ともすればそっけないとか、冷淡《れいたん》とかいう感じを与えやすいからです。

＊

そもそも人間のしまりというものは、その人の異性に対する態度の上によく現われるといえましょう。けだし男女の間柄というものは、互いに近づくところに発火の危険性があるわけですから、危険を避けるには、ただ適当な距《へだ》てを置く——という一手あるのみだと言えます。いずれにしましても、男女の間柄を慎しむということは、人間とくに女性にとっては、生命の第一義の道というべきでしょう。

女性と母性

女性の真の幸せは、子どもを生んで母親となり、母親としての真の自覚に生きることにあるといえましょう。それ故、女性の女性たるゆえんは、実は母親となることによって、初めてその成熟に達するわけです。したがって「母性」の自覚をもたないとき、女性の意義の実現は半《なか》ば減ぜられるとも言えましょう。

＊

母性の特質は、一言でいえば「無条件なる包容《ほうよう》」という所にありましょう。というのも、生命というものは、元来無条件的に包容せられるのでなければ、円満には育たないからです。この母親の無条件的な受容態度が、時には「おふくろの味」というような庶民的なコトバによっても表現されています。

＊

無条件的愛情としての母性愛――その最も根本的な特質はなにかといえば、結局は「無我」ということでしょう。わが子に対する場合には、母親はどの子に対しても「我」がなくなる所に、「母性の神秘」ともいうべきものがあるわけです。すなわち、そこには造物主の深い思念が作用《はたら》いており、母性というものは元来そのように創られているわけなのです。

*

世間では、「子のない女人はどこか冷たい」といわれますのも、一般的にはある程度妥当《だとう》するとも言えましょう。また、高い教育を受け過ぎた女性も、ともすればそうした傾向が見られると言われますのも、元来知性というものは冷たいものだからでしょう。

*

女性として最も大事なことは、将来母性愛の豊かな母親になることだと言えましょう。ところが戦後、わが国の若い女性の中には、生理的には母親になりながら、母性の自覚の足りない女性が増えつつあるという事は、民族の将来を深思《しんし》する時、誠にゆゆしき問題といわねばなりません。そのような「母性喪失」の母親によって育てられる子どもたちの前途《ぜんと》を考える時、世にこれほど不幸で可哀想《かわいそう》な子どもはないわけです。何となれば、人は母親の愛によって、しだいに人間的愛情に目覚めるものだからであります。したがって、もしその子の母親が、母性愛において欠けていたとしたら、そのような子どもたちは成長のあかつき、愛情に対する感受性の稀薄《きはく》な人間になりやすいといえましょう。

女性と健康

女性の体の構造は、男子のそれと比べるとき、非常に複雑かつデリケートでありますす。それというのも、女性には「生命」が宿り、かつこれを胎内《たいない》において育《はぐく》まねばならぬからであります。こうした厳《げん》たる生理的事実からして、女性は男子以上にその健康が大切なわけであります。

＊

両親のいずれが欠けても、その一家にとっては最大最深の悲劇です。父親を亡くした場合には、その一家にとっては経済力の源泉が止まり、まことに容易ならぬ事態ですが、しかし、もし母親が亡くなったとしたら、その場合、その一家は「愛」の源泉が涸《か》れることになるわけで、一層の悲劇といえましょう。また、母親が小さいわが子を残して死なねばならぬ悲しみは、おそらく人間の悲しみの中で、最深のものといえましょう。それ故、女性は男子以上に健康に対して細心の留意が望ましいわけです。

＊

主食としては、われわれ日本人には玄米食が理想的だといえましょう。ところがこの玄米食については、主人のほうには理解がありながら、奥さんのほうに理解がないために、玄米食に切りかえ得ない家庭が、世間には少なくないようです。

＊

副食物としてはなるべく青野菜を多くし、また豆類やイモ類を多くし肉類を少なくすることが、われわれ日本人には必要です。とくに白砂糖と白い食パンは、白米と並んで、今日いわゆる「三白の害」と呼ばれているように、極力避けるべきです。

＊

それぞれの人が、それぞれ自己に適した健康法を持続的に実行されることをお奨《すす》めします。たとえばラジオ体操とか、乾布《かんぷ》マサツとか、真向法《まっこうほう》体操等々、二・三の健康法を娘時代からゼヒ実行して下さい。次に、ご参考のためにわたくし自身の健康法を申してみますと、

㈠　つねに腰骨を立てること――これは単に健康法というばかりでなく、主体的な人間になるための極秘伝と言えます。

㈡　夜寝るさいに枕をしない――枕をしなければ一日の疲れは一晩眠れば、スッカリ除《と》れてしまうのです。

㈢　入浴の際は、乳から上を出して十分温まってから後に上部も湯につかるように

すること。そして肩までつかるのは、なるべく短時間に留めるのです。

㈣ 食事の際、ご飯とお菜を一口ずつ別に食べて、口の中で一緒にしないという食べ方で、これをわたくしは「飯菜別食法」と呼んでいますが、これさえ守れば、どんなに胃腸の弱い人でも、必ずそれを根切りにすることが出来ます。

㈤ 朝起きたら十息静坐法で、十ぺん深く静かな呼吸をする間静坐し、あとは丹田《たんでん》の力を終日抜かないように、できるだけ努力することです。

女性の友情

女性の友情が、男子のそれと比べて、ともすれば周囲から問題視せられやすいのは、それがともすれば排他的《はいたてき》な傾向に陥りやすいからだといえましょう。すなわちそれは、ただ当事者間の親密さのみに溺《おぼ》れて周囲を顧慮《こりょ》せず、したがって自分たちの関係が、周囲にどのような影響を与えつつあるかということには、一向無頓着《むとんちゃく》になりがちだからといえましょう。

＊

男子というものは、常に広い視野に立ち、そうした広い視野の中で、自分が周囲からどういう眼で見られているかという点に、つねに無意識的に注意が払われているものです。したがって男同士の交わりは、それがいかに親しくても常に打ち開かれていて、閉ざされている趣《おもむき》が少ないのです。

＊

男子の友情はすっきりとして、それがいかに深くても、周囲の人々の嫉妬《しっと》を招くというような事は少ないのです。ところが女性の友情は、これに反してとかくねっとりとして、もしそれに溺れたとなると、時として、自他を損《そこな》う恐れがないとは言えないようです。

＊

異性との恋愛関係の破滅によって、より深い痛手をこうむるのは、常に女性の側です。したがって女性は、そうした危険からわが身を護るために、いわば本能的に同性との友情の中に、一種特別の愛情を見出すともいえましょう。こうした意味からすれば、女性の友情もそれが病的なものでない限り、そこには「天の配剤《はいざい》」ともいい得るものがないでもないともいえましょう。

女性の根気

男子の根気は大たい自分の職業に集中して、それを持続すればそれですむわけですが、女性の根気は、主婦として、妻として、また母として、為すべき仕事のあらゆる方面の事柄に対して、まんべんなく気を配り心を使って、しかもその何《いず》れの一つにも手抜かりがない――という意味での根気の良さがなくてはなりません。

*

女性の場合には、一事に熱中することは、ある意味では警戒を要するともいえましょう。すなわち、その一事のみに夢中になって、他の事は一切おろそかになるというのでは女としては困るわけです。すなわち女性も、ある瞬間には一事に専心できることは非常に大切なことですが、しかし同時に他の反面からは、何時までもそれのみに執《しゅう》しないで一応その仕事がすんだら、次には一転して次の仕事に気を配るようでないと、複雑な家事のさばきに差し支えるわけです。

*

女性のネウチを決定するものは、

㈠ 子どもの躾《しつけ》が行き届いていること
㈡ 経済の始末がよいこと
㈢ 料理が巧いこと
㈣ 掃除整頓《せいとん》が上手であること

おおよそこのような平凡な事柄の上に、女性の賢さとそのねうちの標準があると申せましょう。

＊

女性は朝起きてから夜寝るまで、ほとんど休息している暇《ひま》がないともいえましょう。それ故、女性の休息は小刻みに、しじゅう休息しているとも言えましょう。つまり女性というものは、すべて「小出し」であり、「なし崩《くず》し式」であります。それ故、この小出しとかなし崩しということは、女性の特性を考える上で極めて大切な事柄だといえましょう。

＊

躾というものは、子どもの教育の根本となるものですが、しかもそれは、全く母親の聡明さと根気によるほかないものです。何となれば躾というものは、ある意味では親と子との根比べといってもよいほどだからです。こうした意味からも、女性は男子以上に多角的な根気づよさを必要とするともいえましょう。

＊

わが子の躾に対する根気の真の源泉は、全く母親としての慈愛の一念のほかないわけです。つまり「この子のこの癖《くせ》は、今のうちに直しておいてやらぬと、この子は将来この癖のために、つまずく時があるかも知れないから」という、聡明な見通しから湧《わ》き出る慈愛によって、「この癖だけは何としても、ゼヒとも根切りにしておいてやらねば——」という絶大な意志力も出て来るわけです。

＊

そもそも真の根気というものは、単に相対的な意地とか張り合いなどでは断じてなく、深い母性愛の源泉から湧き出るものであって、尽きる期《とき》のないというのがその本来です。

女性と修養

女として最大の恥辱《ちじょく》は、貞操《ていそう》観念の薄弱《はくじゃく》ということであり、次いでは礼をわきまえぬ無作法さということです。そのうち貞操観念の薄弱ということは、女性としては全く致命的な汚点であって、その前には美貌《びぼう》とか教養等の一切が吹っ飛ぶわけで、これは今さら申し上げるまでもない事です。

＊

「他人《ひと》の話を横取りしないこと」わずかにこの一事さえ、常に心がけて努力したとしたら、人間としての修養上、決して軽視できないほどの意義があるともいえましょう。己れの心なき一言一行が、周囲の人々の心にどのような波紋《はもん》を描くかということ一つにも想い到らず、無頓着であってはならぬわけです。

＊

「気品」――すなわち、人間としてのゆかしさがなくては、どこに女性としての取柄《とりえ》があると申せましょう。しかしながら、気品の他に今一つの大切な要素は何かと言えば、実際上の働きであります。すなわち、一家の主婦たる以上、家庭における色々な仕事を、次から次へと常にテキパキとさばいてゆくことが大切です。

＊

いま、理想の女性というものを簡単に申すとすれば、結局この「気品」と「働き」とが一つになった人といってもよいでしょう。すなわち、この二つの要素が渾然《こんぜん》として一人の女性の上に兼ね備わって、真に調和融合に達している人といってよいでしょう。

＊

気品と働き——という二つの要素は、ある程度は生まれつきによるともいえ、さらには体質に基づく所さえあるとも言えますが、しかし真の気品というものは、決して単なる生まれつきだけではなく、それはやはり長い年月にわたる、その人の心がけと修養によって磨き出されるものであって、それでなくては真の味わいはないわけです。同様にまた働きということも、ただ無茶苦茶な力働きというだけでは、真の働きとは言えない道理で、真の働きといわれる為には、どうしてもそこに頭の働き、さらには心づかいというものが加わらねばならぬわけです。

＊

わたくしたちの生活は、一日一日がそのまま自己形成であり、さらには一呼一吸から一挙手一投足までが、いわば彫刻師ののみのひと彫りひと彫りが、その彫刻を刻み上げてゆくように、わたくしたちはこの自分という一つの生きた彫刻物を、日々刻みつつあるともいえましょう。

＊

女性にとって「おしゃれ」は欠かせない大事な事といえましょう。おしゃれとは、服装や化粧、それにアクセサリーや持ち物等の総合的な美的感覚の現れを言うわけですが、次の点に心がけてはと思います。

㈠ 女らしさを失わないこと
㈡ あまり流行の先端に走らないこと
㈢ 虚栄心《きょえいしん》による見せびらかしでないこと
㈣ すべてがよく調和していること
㈤ その人らしさを失わないこと

等々、結局は気品を失わないというのが根本の心構えでしょう。とにかく、真の「おしゃれ」というものは、どこといってあまり目立たないが、それでいて人柄の「香り」ともいうべきものを感じさせるものと思います。

女性と趣味

趣味というものは、われわれ人間にとっては、一種の「香り」みたいなものとも申せましょう。それはたとえば、湯ドウフを頂く際、ネギや薬味のほかに、柚子《ゆず》を少々添《そ》えるかどうかで、料理の風味の上に格段の違いとなるようなものです。すなわちそれは実用的にどうしても無くてはすまされぬという物ではありませんが、しかし趣味によって、その人に人間的な香りが添うばかりか、その家庭さえも一種のゆかしさが加わるともいえましょう。

＊

趣味に関して望ましい条件の一つは、「相手のいらない趣味」すなわち、自分ひとりで娯《たの》しむことができるということ。それに今ひとつは、あまり費用がかからぬという事。しかも直接にしろ間接にしろ、家族のためにうるおいをもたらすことが望ましいといえましょう。

＊

その他女性の趣味として普通に好ましいとせられているものは、生け花と手芸、それに園芸ではないかと思います。それは女性自身が、それによって一生楽しんで尽きる期《とき》がないばかりか、さらにそれによって、ご主人や子どもたちまでもその恩恵に浴《よく》することが出来るからです。

＊

生け花はいわば大自然の精髄《せいずい》を、人工によって象徴的に表現した作品ですから、その美しさには実に限りのないものがあります。したがってこれほどその家に香りとうるおいとを与えるものはないでしょう。たとえ床の間のない家でも、その家のどこか一・二カ所に、ホンの形だけにもせよ、花を活けずにいられないという所に、日本人的なたしなみがあるといえましょう。

＊

編み物や刺繡《ししゅう》、さらにはローケツ染など、いわゆる「手芸」というものも、女性の趣味としては、生活に密着したものとして重んじねばならぬと思います。それというのもそれらの制作品は、直ちに家庭生活の上に生かされて、その家に豊かなうるおいを与えるからです。

＊

わずかな空間を利用して、草花や野菜をつくる、いわゆる園芸趣味は、その他ののどの趣味と比べても、勝るとも決して劣《おと》ることのないもので、主婦にとってはもっとも健全な趣味といってよいでしょう。もしその屋敷が広くて、ナスやキュウリ、あるいは菜っ葉などまでも作れるとしたら、全くこの上無い趣味といえましょう。それというのも、それによって家族の人びとに、農薬を使わない新鮮な野菜の提供ができるとしたら、もうそれだけでも、女性の趣味としては最高といってもよいでしょう。

＊

女性と趣味——という問題で、最後にどうしても逸《いっ》せられないのは、女性も五十代に入るころから子どもたちも成人して、次第に独立して一家を持つようになる故、その辺から趣味を持たぬ女性の生活は、次第に水の涸れた池や沼みたいな味気のないものとなりがちです。それ故女の人は、若いころからそうした人生の晩年を見通して、何か一つ自分の好きな趣味を持つよう切におすすめしたいのです。それというのも趣味というものは、若い間に手がけないと、年とってからでは始められぬものだからです。

人生と読書

読書というものは、単に趣味の一つと考えたり、あるいは趣味についての研究上必要という程度のものではなくて、われわれ人間が自分の生き方について学ぶには、根本的に必要で、どうしても欠くことの出来ないものです。

＊

読書は、「心の食物」ともいわれます。それ故、その人があまり読書しなくなったとしたら、それは食物をとらなくなった人間と同様、その人の生命力の衰《おとろ》えてきた何よりの証拠といってよいでしょう。

＊

しかし読書も度を越しますと、食物と同様に過食の害があるわけです。それというのも、本を読み過ぎる人は、とかく観念的になりがちで、人間としての手堅さとか確かさという点で、とかく欠けがちになるからです。同時にそれ故に、女性の場合にはとりわけ「書物の選択」が大切だといえましょう。

＊

かくして、女性の読書は「生きる」ということを中心にすえて、それと関連のあるもろもろの事柄を、自分の心の要求のままに自由に読んでいくのがよいでしょう。

*

ところが婦人の読書会などの永く続いている所では、「生きる」ということがいつしか観念的になって、評判の小説などを読みあさって、肝心の家事がおろそかになっている人が、ともすれば見られがちなようですが、これは「書に淫《いん》するもの」としてきびしい自戒《じかい》を要しましょう。

*

読書から一歩深まると自分で創作《つく》るということになり、それには短歌とか俳句のような短詩型が好都合だといえましょう。これですと、永年続けていれば自分の歌集や句集を自分で出すこともできるわけです。

*

読書の好きな人で、それに淫しないためには、一見相反するとも見える「料理」をお奨めしたいと思います。つまり、心と物との調和です。そのうえ料理は、読書のように自分一人が楽しむのでなくて、その結果が家族の全員に喜ばれるという点からは、読書以上に女性の趣味としてふさわしいといえましょう。

＊

結局つづまる所「読書かテレビか」という女《ひと》が多いかと思われますが、しかし二度とないこの世に「生」を享《う》けて生きる以上、そう何時までもテレビなどに引きずられていないで、一日も早く「テレビから読書へ――」と、根本的な人生態度の切りかえが大切です。

＊

読書とは、われわれが心の感動を持続するための最もたやすい方法であります。したがって真の読書は、この現実界のもろもろの理法を明らかにするだけでなく、この二度とない人生を全的充実をもって生き貫くための力を与えられる「いのちの宝庫」だともいえましょう。

美を味わう

真の教養というものは、たんに書物を読むとか、あるいは西洋の音楽を聴くというようなことだけではないのです。そうではなくて、何よりも先ずわたくしたち自身が日々生活している周囲の環境、とくにそれが季節によって微妙に変化してゆく有様を深く心に感受し、観察して、そこに見られる趣を、静かに見つめて味わうという心がまえが大切かと思うのです。そしてそれは、やがてまたその人が自己をとり巻いている周囲の人びとの気持を察する上にも、大きな力となるわけです。

＊

われわれ日本民族の文化において、一ばん特色をなしているのは何かとなれば、それはどうも、その美的感覚において比較的すぐれている点ではあるまいかと思われます。そして、そのような美的感覚がとくに日常生活の中に、美的な「趣味」としてよく浸透《しんとう》し生かされている点でありまして、このような「美」の日常生活化という点こそは、世界のどの民族とくらべても、遜色《そんしょく》はなかろうと思うのです。

＊

「詩」というものは、われわれ人間の心情のもっとも端的な表現です。なるほど詩以外にも音楽や絵画や彫刻はもとより、さらには小説や戯曲《ぎきょく》などに到るまで、いずれも人間の深い心情の表現でないものはありません。しかしそれらの中でも、心情をもっとも端的に表現している点では、広い意味の「詩」の世界だといってよいでしょう。したがってすぐれた短歌や俳句、または自由詩などを味わうということは、その人の心を清らかにする上で、ひじょうに大きな影響力があるといってよいでしょう。

＊

それ以外にも、お師匠さんに就いて生け花を習うということなどもちろん結構なことですが、しかしそこまでは出来ないとしても、家の周囲のホンのわずかな土地に朝顔のタネを蒔《ま》き、さらには夕顔の苗《なえ》の二・三本も植えて、わが子と一緒に花をながめるような母親であってほしいと願わずにはいられないのです。

*

その他美的観念という点では、都会の狭い住まいで、床の間など無いような家でも、色紙掛けや短冊挟みなどを求めて、好きな書画をかけて楽しむような心がけは、日本の女性としては何人にもあらまほしいたしなみと思うのですがいかがでしょう。

感謝と宗教

人生の一生というものは、いわゆる「照る日曇る日」であって、雨の日どころか、いつ晴れるやら分からぬほどの長い梅雨《つゆ》もあるわけです。しかし、いかに梅雨期《つゆどき》が長いといっても、いつかは晴れる日が来るように、「人生の梅雨」も——もちろんこれは人によって長短の違いは大いにありますが——根気づよくしんぼうしていれば、必ずやいつかは晴れる日がくるものです。それ故、この道理を深く心に秘めつつ、じっと耐え忍ぶという心構えを身につけることこそ、人間として最も大切なことではあるまいかと思うのです。

*

むかしから「人間の幸・不幸というものは、それぞれその人なりに、大たいは決まっているわけで、それゆえ若い間にそのどちらかを多く味わえば、晩年には残りの半分を味わわねばならぬ」とのことでありまして、これは遠い昔から心ある人々が言い伝えてきた事だけに、そこにはある種の深い真理がこもっているかと思われます。

*

「われわれ人間が、もし幸福を願うなら、絶対に他人と比べず、わが家を人の家と比べてはいけない」ということです。というのも、この人間界におけるすべての悩みは「比較」によって生まれるものだからです。したがってわれわれ人間が、もし自分を他人と比べなかったとしたら、この世の悩みのほとんどは、次第に消えてゆくことでしょう。

現在のわが生活のすべてが、自分のような人間にとっては、もともと受けるに値しないというように考えられたとしたら、この世に、不平不満というものは一切ないわけで、そういう人こそ真に幸せな日々を送っている人といってよいでしょう。

＊

平生《へいぜい》の日々の暮らしの中で、自分が今日あるを得たのは、大宇宙の根源にはたらいている絶対の力としての神仏の力と、またその力の現われとしての、この地上におけるあらゆる人と物との恩恵によって、今日ここにこうして一人の人間として生かされている——と考えている人は、宗教的な真に幸福な人といってよいでしょう。

＊

宗教には色々な宗派があって、それは丁度《ちょうど》一つの仏像を色々な角度から映した写真みたいなものともいえましょう。したがって、それらの優劣をいうよりも、自分にはどの宗派の教えが一ばんピッタリと肌に合うかを確かめることの方が肝心でしょう。

＊

とにかくに宗教というものは、それによってわが身の至らなさがよく分かり、このようなつまらぬわが身にも拘《かか》らず、よく嚙《か》みしめて味わえば、現在のわが身には勿体《もったい》ないほどに恵まれていることが——宗教書を読んだり法話などを聞いている時だけでなくて——自然《ひとりで》にわが心に浮かび出て、われながら辱《かたじ》けない身の上だと、ひとり静かに感謝できるようにもなれましょう。

三　娘時代をどう生きるか

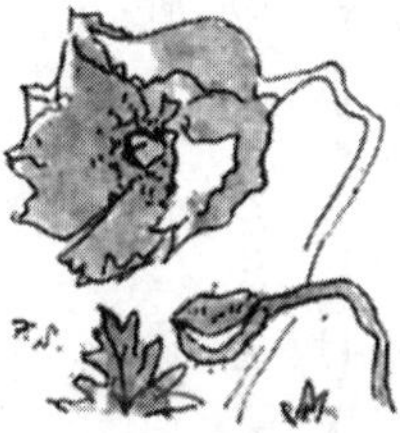

うつくしいものはかすかだ
うつくしい野のすえも
うつくしいかんがえのすえも
すべてはふっときえてゆく

八木重吉

金原省吾

山鳩《やまばと》の声きくときは遠々し父のみ魂をありとし思はむ
悲しみといへどはるけし今にして一夜《ひとよ》の雨の降りすぎしごと
硯《すずり》一つ手にとりさすり心たのし物しづかなれば浪の音きこゆ
三人の子の骨すでに腐ちにけむ何処の土に朽ちにつらむか
とつ国に逝かせたる子等を忘れめや雪のふる夜は亦《また》思ひいづ

佐渡にて

足うらのつめたき寺のいしだたみ遠世《とほよ》のひじりかくて住みけむ
風かほるここのみ寺にその昔流人《るにん》のみかど住み給ひけむ

娘時代

女子教育の土台は、大たい思春期前の数カ年――小学校の四・五・六の三年間に、その力点が置かれねばなりません。そしてここを第一期とし、次には中学の三年間がそれに続き、そして高校三年間で、娘時代における家庭および学校教育は一応完了して、それがほとんど女性の一生の運命を支配するといっても過言ではありますまい。それだけに、娘時代の日々の生活が、あなた方の一生のほとんど七、八割近くを支配するといってよいでしょう。

＊

娘時代の心構えとしては、人生について未経験のために、「分からぬ」とか「わたしにはそういう理屈は納得できない」とか言わずに、虚心《きょしん》に親御《おやご》さんなり先生なりの言われる事をよく守る事が根本です。それというのも教育とは、将来に対する深い真理のタネ蒔《ま》きだからです。

＊

大たいタネ蒔きというものは、地上の温度が未だ低くて、やや早過ぎると思われるころに始めるものなのです。でなければ、手遅れとなるからです。それゆえ人生経験のまだ十分でない人々にとっては、まだ十分に納得できかねる事柄でも、親や先生のおっしゃられる事は素直に守り、実行することが大切です。何となれば、そこに人生における真理のタネ蒔きの意義があるからです。

＊

人生の深い真理というものは、自分が身をもって実地に体験するのでなければ、十分に分かるものではありません。しかし結婚という「一関」をくぐれば、やがて否応《いやおう》なしに展開してくる女性の運命を、あらかじめある程度予見し、その展望に立って必要な注意なり心構えのタネ蒔きのなされるのが、真の「女子教育」というものです。

＊

娘時代の皆さん方としてさし当たって大事なことは、女性としての自分の運命を自覚して、そう永くはわが家にいられる身でないということを、つねに心の奥底で忘れないということが、根本的な心構えといってよいでしょう。

＊

こうした娘時代の修養は、やがてまた「母」としての修養の基礎となるわけです。また将来妻としての根本の力も、娘時代の一つ一つの努力修養の中に、すでにその「二葉《ふたば》」が芽生《めば》えつつあると申してよいわけです。

＊

「わが子の教育」ということは、実は十年後にわが子を持って初めて始まることではなくて、現在の娘時代における日々の生活が、実はそのまま十年後の母としての心構えとその資格を、一つずつ積み重ねつつあると申してよいでしょう。

人間としての軌道に

人間としての三つの軌道

㈠ 毎朝親に対して必ずあいさつのできる人間になること

㈡ 親御さんや祖父母から呼ばれたら、必ず「ハイ」と心のこもった返事のできるようになること

㈢ 席を立ったら必ずイスを入れ、履物《はきもの》を脱いだら必ず揃《そろ》えること

＊

われわれ人間は、この世に数少ないほどのリッパな人にはなれなくとも、普通の人間として、あたりまえの軌道《きどう》にだけは、ゼヒとも乗るようにしたいものだと思います。ところが、こうした分かり切った、人間として当然のことのやれる人が案外少ないところに、人生の根本問題があるのではないでしょうか。

人間が朝人に出会った際、真っ先にしなければならぬのは、朝のあいさつではないでしょうか。ところが、それが自分の親に対して出来ないというのでは、それではたして「人間としての軌道」に乗っているといえるでしょうか。

＊

将来、社会の一員となって就職した場合、勤め先で朝上役に出会っても、あいさつひとつせず、また呼ばれても心のこもった返事をしなかったとしたら、一体どういうことになるでしょうか。いまさら説明など不要なほどに明らかなことでしょう。ですから卒業して世の中へ出る前に、まずわが家においてそれを実習し、十分に身につけておく必要があるわけです。

＊

「席を立ったら必ずイスを入れ、履物を脱いだら必ず揃える」――この第三の軌道は、人間としてのしまりの問題で、この事一つによっても、その人がどの程度人間としてしまりのある人かどうか、ということが分かるといえるわけです。

＊

人間は自分の考えを、少なくとも親しい間柄の人には、手紙で十分に伝えられるようでなければなりません。ところがこの頃の人は、手紙一つ容易に書かない人が多いようで、どうしても書かねば義理を欠く場合でさえ、なかなか書けない人が少なくありません。とりわけ女性は、主人の代筆としてお礼や見舞の手紙が、すばやく書けねばなりません。そのためには、娘時代から必ず「日記」をつけることです。まず「日記」によって文章を書く土台の練習ができたら、つぎには親しい人びとへの手紙によって、いわば文を書く応用を試み、娘時代からゼヒとも文章を書く能力を身につけておく必要があります。

甘えごころ

わたくしたちの修養は、まず「甘えごころ」から抜け出すことから始まります。甘えるということは、当然自分の為《な》すべき事でありながら、自分がいやなら、これを他人《ひと》——お母さんや姉さんたちを含めて——に塗《ぬ》りつけて平気でいたり、また自分の欲しいものなら、家族の者の分までも取り上げて、何ら気にならぬという態度をいうわけです。

＊

人間はその人の気立《きだて》がいかに良くても、甘えごころの除《と》れない間は、安心して事を託《たく》しうる人とは言えません。それというのも甘えごころが除れぬということは、自分のわがままが除れぬということであり、結局は、人間として鍛えられてないという事だからです。

＊

現在の自分の生活を省みて、この甘えごころを除く工夫の一つとして、何より有力な途《みち》は、ご両親とくにお母さんのお手伝いを自ら進んでするということでしょう。

＊

「艱難汝《かんなんなんじ》を玉にす」とは古いコトバですが、これは甘えようにも甘えることの出来ないような酷烈《こくれつ》な境遇に放りこまれることが、人間が真に確立するためには絶対に必要だという事に他なりません。

＊

この世に不幸の種類は数限りなくあるわけですが、しかもそれらすべての不幸に対する根本の心構えとしては、これによってわが身自身の甘えごころの根切りをしようとの神仏の深い計《はから》いにほかならぬとして、それらの一切を甘受《かんじゅ》してゆく事です。

コトバ遣い

「稚心《ちしん》を去る」——われわれ人間は、まずわが身の子ども臭《くさ》い甘えごころを捨てなければ、真の修養への第一歩は踏み出せないということです。そして「稚心を去る」工夫の第一歩としては、まずコトバから改めてかかることでしょう。そしてそれには、まず子ども臭い甘えたコトバを断ち切ることから始めるわけです。

＊

他人に対して、自分の身内の者のことを話す場合には、敬称《けいしょう》・尊称《そんしょう》を用うべきではない。例えば先生から「あなたのお父さんはお幾《いく》つですか」と聞かれた際「ハイ、うちのお父さんは今年何歳です」などと言うのは、セイゼイ小学の四年までです。

＊

古語にも「辞《ことば》を修めてその誠を立つ」とあるように、コトバを慎しむということは、この二度とない人生を真実に生きる根本の第一歩なのです。否、コトバを慎しむということは、修養の始めであると同時に、実はその終わりといってもよいほどです。

＊

そもそもおしゃべりという事は、自分のコトバに対して、真に責任を持とうとしない所から起こる自ずからなる結果といってよいでしょう。それ故、自分のコトバに対して多少なりとも責任を感じかけたら、人はそうペラペラとは喋《しゃべ》れないはずです。

おせっかいということは、それがいかに親切なように見えましても、そこには何時《いつ》しか自分の「我」が忍び込んでいるものであり、真実を欠いた浮わついた所業《しょぎょう》といえましょう。

＊

「告げ口」とは、他人《ひと》がその場にいない第三者に対して陰口をいうのを聞いて、これを事もあろうに当の本人に知らせる所業を言うわけですが、これはわれわれ人間の犯す数ある罪のうちでも、最も罪深い悪魔的な所業といってよいでしょう。

＊

これは「離間《りかん》の両舌《りょうぜつ》」ともいって、故意に両人の間の交情の親密なのをそねんで、それを引き割《さ》こうとする告げ口で、天人倶《とも》に許さざる「悪魔の所業」といってよいでしょう。ところが自分ではそうとは気づかずに、ウカウカ話した事が、その結果から見た時、一種の「告げ口」となって、人と人との間を傷つけつつある事の少なくないことを、お互いに深く反省しなければなるまいと思います。

ほほえみ

「笑顔に開く天の花」——明るいほほえみによって、どんなに人びとの心が明るくなり慰《なぐさ》められることでしょうか。古来「和顔愛語《あいご》」が大切にされて来たゆえんです。

＊

とりわけ女性からほほえみが消え去ったら、あとに一たい何が残るというのでしょうか。ほほえみのない女性は、歌を忘れたカナリヤ以上に味気ないものだということを、改めて深く省みるべきでしょう。

＊

特に母親のほほえみほど家庭にうるおいと明るさをもたらすものはありません。それ故女の子は、特にほほえみを忘れないように、娘時代から鏡に向って自分の表情を明るくするように心がけることが大切です。

＊

どんなに心の中でくよくよしたり、イライラすることがあっても、とにかく鏡に向ってまず笑顔をつくることです。そうすると、いつしか心の方も和かになってくるものです。これは身心相即の理といって、心を明るくしようとするには、まず顔の表情から明るくする事から始めるわけです。

腰骨を立てる

姿勢を正しく美しくする根本の秘訣《ひけつ》は、「腰骨《こしぼね》を立てる」ということです。正しい座り方や腰かけ方の秘訣も、まず腰骨を立てることからであり、美しい歩き方の秘訣も、腰骨を立てることに尽きるようです。したがって「腰骨を立てる」という一事は、一挙手一投足から、人間すべての礼儀作法の根本としてよいでしょう。

＊

「腰骨を立てること」によって、注意の集中力や意志の持続力のみならず、色々な環境の重圧に耐える忍耐力を養うにも、これほど力づよい実効を発揮する工夫は他にありません。したがってイスに腰かけて勉強する際にも、つねにこの一事を心がけることが、何より大切です。

＊

女の子は、たとえジーパンを穿《は》いている時でも、アグラをかいて座ることはもってのほかで、これだけは厳《げん》に慎《つつし》まねばなりません。また娘時代に、柱や壁、否、ソファーのうしろにもたれる癖《くせ》も直さないと、いつまでも父母への甘えごころが除れず、やがて長じて大人になっても、人生そのものに甘える人間になるわけです。

＊

「腰骨を立てる」ことは甘えない人間、すなわち主体的な人間になる極秘伝であると同時に、健康の上からも何より有効な努力です。それというのも、脊柱《せきちゅう》を正しくすることによって、内臓諸器官の完全な機能発揮ができるからです。医学上からも、女の人の横ひざの座り方の常習《じょうしゅう》は、やがて子宮後屈《こうくつ》になり不妊《ふにん》の原因となると言われているように、健康上からも根本的に大事なことです。

＊

娘時代から腰骨を立てて正しい姿勢の習慣を早めにつけておかないと、将来母親になった際、子どもに正しい姿勢のあり方を躾《しつ》けることが出来なくなります。すべて娘時代のあり方が、将来リッパな母親になるかならぬかの岐《わか》れ路《みち》といえましょう。

家事の手伝い

娘時代の皆さん方としては、さしあたりまず身の回りの整頓《せいとん》をすることはもちろんさらに一歩すすめて、時にはお父さんの机の上なども、ちょっと整頓しておあげするとか、またお忙しいお母さんのお勝手のお手伝いが出来るようでなければ、女に生まれた甲斐《かい》がないというものです。

＊

女性には「清潔」ということが何より大切です。身の回りの整理整頓がよくできていわゆる「掃除好き」ということは、娘時代に身につけるべき第一のたしなみです。娘時代にわが家の便所の掃除を受け持つような人は、必ずや他日リッパな主婦になれること受け合いです。

＊

娘時代から、将来の主婦見習として、家庭における自分の分担を引き受け、すすんで家事の手伝いを心がけることは何より大切です。また母親のほうでも、すべての家事を自分一人で引き受けないで、たとえわずかなことでも、その年ごろに応じた娘にも手伝わすようにするのです。たとえば、食事前の配膳《はいぜん》の用意とか、また食事のすんだ後の跡片《あとかた》づけとか、また廊下や床の拭《ふ》き掃除ないし雨戸の戸じまりとか、その他心がけ次第でいくらでもわが娘《こ》に手伝わすべき仕事は見つかるものです。

＊

娘時代に大事なことの一つは、「料理」の好きな娘《こ》にすることでしょう。それにはさしあたり、日曜日の昼か晩のお料理を、予算を与えて責任をもってやらせてみることから始めるのです。また永い休暇《きゅうか》の際などには、できたら毎日一食、少なくとも隔《かく》日《じつ》ごとに母親と交替で、料理を受け持たすことが望ましいと思います。

＊

結婚するまでに、母親の料理を全部身につけておく心がけが大切です。そしてそれを土台として、婚家先の母の料理をしだいに学んでゆきますと、その人の料理はひじょうに豊富な内容となることでしょう。

良書の選択

娘時代の読書として、まずお奨めしたいのは「偉人の伝記」です。伝記といえばそのほとんどが男性の伝記ですが、しかし女性としても男の偉人の伝記は、大いに読んでおく必要があります。それは将来男の子の母親として、偉人となった人びとのいかに多くが、その母親に負うているかを読みとるべきだからです。

＊

娘時代に西洋の名作物語や詩歌のほかに、ゼヒ読んでおくがよいと思うのは、日本および西洋の子ども向きの童話です。それは将来わが子の母親として、最低五つや七つの童話は、いつでも本を見ないで、わが子に話してやれる様でありたいとの願いからです。それというのも、本を見ながら読んでやるのと、そらで話してやれるのとでは、子どもの心への泌み込み方に大きな違いがあるからです。

＊

結婚して、一家の重責を背負うようになりますと、なかなか落ちついて本が読めなくなりがちですが、しかしそういう場合にもお勝手をミニ書斎と心得て、四・五分のわずかな時間を活用して、優れた人生語録や、自分の好きな詩人や俳人、もしくは歌人の書物を読まれることが望ましいと思います。

＊

一家の主婦にとっては、小説とくに長篇《ちょうへん》の大作はあまり、適当な読み物とは言えません。小説というものは、人心の機微《きび》にふれている点からは、生きた人生教科書ともいえますが、しかし他の一面からは、現実の人間心理の異常拡大をしていますので劇《げき》薬《やく》に似た点があり、短所か欠陥がないとはいえません。その上とかく時間をとられ過ぎますので、あまり積極的にはお奨めできません。優れた随筆とか短篇小説（例えば井伏鱒二《いぶせますじ》のものなど）ならよいでしょう。

＊

読書について一番大事なことは、書物の選択を誤らぬということでしょう。したがって「良書の選択」を指導して下さる卓《すぐ》れた人こそ、人生への一指導者であり、真の人間教育者ともいえましょう。とりわけ女性にとっては、かかるすぐれた指導者こそ必要でありまして、読書サークルの意義も、よきリーダーの有無いかんにかかわるともいえましょう。

日常のたしなみ

人間の気品とかゆかしさとかいうものは、その人が他人《ひと》知れぬ所で慎しむ所から射す心の光といえましょう。言いかえれば、その人が内心において、いかに心を引き締めているか、その心構えの反映といってよいでしょう。

＊

娘時代から早起きをした人と、結婚まで家で朝寝をして娘時代を過ごした人とでは、他日その営む家庭の上に、天地のひらきを生じるのも当然でしょう。

＊

電車その他の乗物に乗った際、女の人は膝頭《ひざがしら》の間を開けないように――。また脚を組まないように——。膝の弛《ゆる》みというものは、女人の貞操《ていそう》観念を測る何よりのバロメーターといってよいからです。

＊

あくびをなるべく人に知られないように——。それについて一つの名案は、口を閉じたまま、舌の先で上歯の内側を、人に知られぬようにソッと舐《な》めるという事です。これは「武士道とは死ぬことと見つけたり」という最もきびしい『葉隠《はがくれ》』武士道で教えているたしなみの一つなのです。

＊

女性は一生タバコを吸わぬように——。最近ＯＬや女子学生の間にタバコの喫煙者《きつえんしゃ》が増えつつあると言われますが、民族の将来を考える時、まことに深憂《しんゆう》に耐えません。何となれば、喫煙は一たん始めたが最後、これを止めることは容易でない上に、喫煙によって女性の血がニコチン化して、その毒素は生まれてくる胎児までがそれに犯されるからです。

＊

女の子が「腕組み」している姿は、思わず眼を背けたくなります。何となれば、腕を組むということは、男が闘争を開始する前の威嚇《いかく》の姿勢だからです。

＊

髪型や持ち物および服装などについては、決して流行の先端を走らぬように——ということも、やはり大事なたしなみの一つといえましょう。それというのも、こうした事によって、どこか浮わついた人間と見られがちだからです。だがそうかといって、もちろん流行を無視してよいというわけではなく、ただ流行の先端に立つことだけは慎しみたいものです。

倹約・質素の徳

男性は収入面における経済上の責任者でありこれに反して女性は支出面におけるそ

の責任者です。ところが、これら両者のうち、いざとなったら、どちらが大切かと申しますと、支出面を受けもつ女性のしまりの方が物をいうわけで、この点の分からぬ程度の人は、まだ現実界というものが真に分かっている人とはいえないでしょう。

＊

では女性の経済観念を養うにはどうしたらよいかというと、それは学生時代にお弁当を持たすということで、これによって「女性は生涯、自分一人では外食しない」という習慣を、少女時代から大学生時代までに身につけさすということです。

そしてそれまで、学校の食堂などで支払っていたお金を積み立てて、それを「基礎蓄積」とし、そのうちの一万円札をスカートの内側にでも縫《ぬ》い込んでおくのです。そうすれば、外でどんな変事が突発《とっぱつ》しても、一おう恥はかかずに済むというものでしょう。

＊

娘時代の心がけとしては、自分の現在の小遣いを、将来の家計の縮図と考えて、将来一家の主婦となった際の家計の練習をするのがよいと思います。そしてそれには、さし当たってまず小遣帳を正確につけることが大切です。

＊

とくに女の人は、一家の経済の万一の場合を考えて、遠く深く備えるところがなくてはなりません。結婚する際、支度《したく》の一部をさし控《ひか》えて、その分と自分の貯金を合わせたものを、誰にも知られないように工夫して持って行き、平素は全然無いものとして、もとより夫にも絶対知らさずにおくのです。そしてどうしてもそれに手を付けねば、主人の地位が危《あやう》いというような場合に備えておくのです。すなわち、人生最後のいいい切り札用として、ひそかに用意しておくわけです。

＊

質素ということは、経済上から必要なことはもちろんですが、しかしそれ以上に精神的な意味が深いのです。すなわち、それによって物に対する感謝の念となり、その上に大事な点は、そのために心が引き締まるわけで、質素論もここまで行かないかぎりまだ「未だし」といってよいでしょう。

＊

わたくしたちは、物が乏しくつつましい時に、初めて物の真のねうちを知ることができるわけです。たとえば、ぜいたくな上等なお弁当をいただく場合と、自分から申し出て質素なお弁当をいただく場合と、その何れがはたして真に有難さが感じられるかと言えば、それはもちろん質素なお弁当をいただく場合です。これは自分で試みた人のみが知る深い現実の真理なのです。

異性への慎しみ

未婚の女性は、いわば「園生の花」のように垣根《かきね》越しに見えはするが、しかも手折る事はもとより、近づくことさえ容易でない――というような立場に身をおくことこそ、真の賢明というべきでしょう。

＊

「女性は、たとえ自分の心中ではやましくなくても、他人《ひと》から疑われたり怪しまれるような行動は、極力避ける様にしなければならぬ」――これは、ひとり娘時代の心がけのみならず、女性一般にとって大切な心がけといってよいでしょう。

何となれば、貞操に対する疑惑については、その潔白《けっぱく》さを証明する方法がないからです。

＊

男性に対する女性としての用心警戒は、ある意味では女性として最も大切な知識と言ってもよいでしょう。それというのも、真に立派な男性というものは、若い女性に向かって、最初から馴《な》れなれしく口を利《き》くものではないからです。初対面の若い女性に対して、最初から馴れなれしく親しげに話しかけるような男は、必ずある程度好色性を持っていると見てよいでしょう。

＊

相手から話しかけられないのに、こちらから口を切るという事は、女性の場合には特に慎しまねばならぬ事と思います。しかし、ひとたび先方から尋ねられた場合には自分の考えを素直に、ありのままに答えるということは、ひとりたしなみというばかりでなく、人間としての当然の礼儀というべきです。

結婚問題

娘の進学に際し、四年制と短大のいずれを選ぶかという事は、一概には言えませんが、いま短大の長所を挙げるとなれば、㈠就職しやすくて、㈡婚期が長く、その上家政科の場合には、㈢終生身につけるべき技芸の手ほどきを受けるという三つの利点があると言えましょう。

*

短大生の欠点は、知的教養を身につけるための期間が短か過ぎるという点でしょう。

したがってこれを補うためには卒業後十五年間、必ず読書に努めるということであって、十年では足りないのです。

＊

血液型における同型同士の結婚は、できたら避ける方がよいでしょう。とりわけ男女共にO型同士という結婚は、極力避けるのが賢明だと思います。そもそもO型気質は独裁型ですので、いずれも独裁型ですと、とかく衝突が深刻になりがちだからです。その上生まれる子供が一人残らずO型ですから夫婦親子とも全員O型ということになります。もし万々一O型同士がむすばれた場合には、お互いに深い「いたわり」を根本とし、「天の配剤」として享受《きょうじゅ》し、すべてを恩寵《おんちょう》的試錬として、終生《しゅうせい》この慎しみを忘れぬことが大切だと思います。

＊

学校を卒業してから、一時生きた社会勉強のつもりで勤めるのも結構でしょうが、その期間に一番大事な事は、異性問題への慎しみでしょう。とりわけ相手が妻帯者の場合には、たとえそれが上司であろうとも、絶対に心を許すべきではないということで、これは改めて申すまでもないことでしょう。

＊

女性の人生は、結婚のいかんによって決せられる――といっても、決して過言ではないでしょう。それゆえ、また女性がその生涯において、最大最深の思慮を必要とするのも、正式な申し込みの場合における「イエス」という一語だともいえましょう。この場合の「イエス」という一語こそ、女性としての最深の叡知《えいち》とともに、また実に生涯最大の「決断」と言ってよいでしょう。

＊

それ故結婚受諾《じゅだく》の決定いかんは、世の中というものをよく知らない若い女性の自分勝手の判断だけでは危険といわれるのも当然です。すなわちそこには、既経験者としての両親なり、あるいは叔父・叔母ないしは旧師・先輩などの意見に聴従《ちょうじゅう》すべきものがあるとせられる訳です。けだし、それらの人びとの言葉には、各自その既得《きとく》の経験により、ないしは世上の事実を広く見渡した所からくる、ある種の客観的真理があるともいえるからです。

＊

いかに周囲から奨められた縁談にせよ、いやしくも自分が「イエス」と言って受けた以上、その「イエス」の一語は自己の全責任、否、全生命をかけての「イエス」でなくてはなりません。そもそも結婚においては、この決心覚悟こそ、ある意味では相手の吟味《ぎんみ》以上に大切な事柄といえましょう。

＊

女性の結婚適齢期を、二十四、五歳以降とする考えの女《ひと》も時にあるようですが、しかしこれは、わが国における社会通念のきびしさを知らぬ見解という他なく、もしウカツにそうした言葉に乗せられたとしたら、必ずやきびしい反撃を受けることでしょう。

＊

娘は、将来いかなる職業、いかなる家風の家へ縁があっても、どうにか一通りは困らぬだけの躾を、わが家において、小さい頃からしておかねばならぬわけです。しかるに、戦後はこうした重大な事柄に対する見通しと配慮が、娘はもちろん肝心の親自身にも薄らぎつつあるのではないかと思われます。これを一言にして戦後わが国の家庭には、きびしい現実的叡智の喪失がいちじるしいようです。

＊

女性はいかに若くても、いやしくも他家へ嫁いで一家の主婦となった以上、ある程度人間が出来ていて、しっかりしていなければ困るわけです。それと申すのも、女は一旦他家へ嫁ぐやいなや、最初からその家の主婦として、一家の重責を負う身とならねばならぬからです。

＊

人間の完成は一生の問題であるのに、他面には、人生へのスタートともいうべき結婚早々、ある程度の完成が要求せられる——この矛盾に対して、女の人は、一たいどのように考え、かつその身を処《しょ》したらよいでしょうか。しかるにこの点については、わたくしは、道はただ一つしかないと思うのです。そしてそれは、一口に申せば、素直ということの他ないでしょう。そしてこの一事さえ忘れなければ、色々な未熟さや不十分さはあろうとも、とにかく無事に越えて行けるでしょう。

では何故かというと、それは素直とは結局我の否定であり、その放棄に他ならぬからです。古来、いかなるものも無我の威力の前には無力です。

＊

女性として自分の将来を見通した上での――これこそ真の叡智というものですが――第一の着手点は、さし当たりまずご両親の言われることを素直に受け容れられるような人間になること。そしてご両親のおっしゃる事が素直に聞けるようになれば、将来結婚後も、良人や姑のコトバを素直に聞くことのできる下地ができたというものです。それというのも、女性の素直さとは、結局は我の否定的修練だからです。

＊

それ故女子教育の根本は、このような素直な女性を作るほかにはないわけです。ところが戦後の女子教育は、遺憾《いかん》ながらこの点では甚《はなはだ》しく不十分といわねばなりません。すなわち、今日学校教育を受けている女の人は、家事のことがよくできない以上に、他人《ひと》の言うことが素直に聞けないようですが、これは心情と意志の浄化を怠《おこた》ったたんなる知性の延長だけでは、「我」を強くし、冷たい人間をつくるからです。

男女交際

男女交際において大事な点は、お互いに接吻《せっぷん》ぐらいは構わないだろうという様な甘い考えはゼッタイに禁物。特に女性としては、接吻につづく次の状態の察知をわきまえぬとは、まことにウカツ千万な話です。それ故「接吻ぐらいは許してもよかろう」などという甘い考えを一擲《いってき》しないと、取り返しのつかない破綻《はたん》に陥ることを、十二分に覚悟しなくてはならぬわけです。

＊

フリーセックスという言葉ほど、今日世を害するコトバはないといえましょう。そもそも自由とは、必ず義務と責任を伴うものであり、言いかえれば義務と責任を果たす者にのみ与えられる特権といってよいのです。それ故、男女間の自由気ままな性交などとんでもないことで、精神的にも肉体的にも、甚大《じんだい》な損傷《そんしょう》を受けるのは特に女性の側だという冷厳《れんげん》な真理を、若き女性は十二分にわが身に透徹《とうてつ》して知らねばならぬわけで、これこそが真に「叡知」の名に値するといえましょう。

＊

したがってこうした点から、婚前交渉の如きはもとより許されるべきでなく、たとえ正式な婚約を終えた後とても、結婚式までは絶対に慎しむべきであって、そうでなければ結婚式といっても、神聖なる「人生の首途《しゅと》」という意味は無くなりましょう。

＊

とにかく性に関する規範は、厳しきに過ぎるほどにするのがよく、もし多少でもこれを弛めたら、ついに取り返しのつかぬ結果をまねく恐れがあるわけです。かくして「性」の乱れは、結局社会の秩序を乱す最大原因といってよいのです。実際性に関する限り、人間は、いくら慎しんでも慎しみすぎるということはないといってよいでしょう。

四　妻として

草にすわる

わたしのまちがいだった
わたしのまちがいだった
こうして草にすわればそれがわかる

八木重吉

岡本大無

米びつに米一粒子すらだにもなからん時し魂よゆらぐな
氷心玉骨誰しらなくもほろびては春のかすみとたなびかんかも
黙ふかく石らは言わず吾語るかたり終りて石に恥づらく
昼闌《た》けてしづもり深きたまゆらを牡丹《ぼたん》一ひらほろと散り落つ
むらさきの桔梗《ききょう》の花はほそ口の白磁《はくじ》の瓶にいけてよき花
連翹《れんぎょう》の散りにしあとを次ぎてさく八重山吹《やまぶき》に春の雨ふる
茗荷《みょうが》の子これ宜《よろ》しみとちびりちびり酒たうべをり貧もまたよろし

決心と覚悟

結婚において一ばん大事なことは、決心というか「覚悟」というものでしょう。ふつう結婚において一ばん大事なことといえば、夫婦が互いに信じ合うことだと言われ、それも一応もっともな事とは思いますが、しかし信じるということには無限の深浅があり、一見たやすいことのようですが、実際には容易ならぬことです。

＊

万一一方が相手を裏切るようなことを仕出かした場合、それでも相手に対する信は動揺《どうよう》せずにはいられるでしょうか。わたくしには真実な信というものは、一時は心の動揺を免《まぬが》れないとしても、やがてまた元の信に立ち還って、自分を裏切った相手を許して、おもむろにその心の甦《よみがえ》るのを待つことが出来るようでなくては、真に根本的な信とはいえないと思うのです。

このように「信じる」ということは、大へんリッパな言葉であるだけに、それは至難といってもよいほどのことともいえましょう。したがって信の浅い場合には、必然に脆《もろ》さが含まれているわけで、同時にここに「お互いに信じ合って——」ということには、一種の甘さがないとは言えないわけです。

＊

信じるということは、元来非常に貴いことですが、それだけに時としてキレイ事に過ぎてかえって脆さがあり、不信に陥る恐れがないと言えないわけです。これに反して決心とか覚悟ということになりますと、そこには相手の態度のいかんに拘《かか》わらぬという趣《おもむき》があるのです。それ故わたくしは、「お互いに信じ合う」ということのリッパさを思いつつも、まず決心と覚悟を真っ先におきたいわけです。

＊

愛情とか信頼というコトバは、ふつうにはともすれば「甘さ」を含んで使われているように思われます。例えば、愛するということを「好き」というコトバと大して違わぬような使い方をしている場合も少なくないようですが、「好き」ということと「愛する」ということは、決して同じでないばかりか、時としては天地の距《へだ》たりがあるともいえましょう。

＊

愛するということは、元来「相手のために自己を捧げる」という意味がこもっているのです。いかに辛いことでも相手のためにそれを我慢《がまん》し、さらには耐え忍ぶという所がなくては、真に愛しているとは言えないわけです。

＊

結婚にあたって一ばん大事な事は何かと問われれば、わたくしはやはり「相手のために自己を捧げる覚悟」だと申したいのです。そしてもし妻のほうにこの覚悟さえあれば、その結婚は、たとえ途中でどんな動揺があろうと、結局は成就すると言えましょう。

夫婦の愛情

愛というものには、㈠どうしても相手を手放したくないという切なる要求と共に、㈡他面相手のためには、自分のすべてを捧げるという所がなければ、真の愛とはいえないでしょう。

＊

もし愛するということが、相手が理想的な人間でなければ愛しないとしたら、そういう愛は実際には有り得ないと言ってよい。何となれば、人間というものは、お互いに欠点だらけの存在だからです。それ故、相手が理想的人間でなければ愛しないというのでは、実は自己中心的な利己主義者といってよく、真の愛とはおよそ正反対のものと言ってもよいでしょう。

＊

結婚生活というものは、双方が相手に対して、深い人間的信頼を基盤とすることによって、初めて成立すると思います。わたくしたちが、愛する相手を自分から手放したくないと思うのも、実はその根底には、相手への「信」を予想して、初めて成り立つというべきでしょう。いわんや相手のために、自己の一切を捧げるというに至っては、相手に対する徹底的な「信」なくしては、とうてい不可能です。

＊

信とはある意味では、相手に対して自己を賭《か》ける心の作用ともいえましょう。それは何ゆえかと申しますと、人間の心というものは、色も形もなく、そのうえ動揺常なるものだからです。信とは、そうした相手の心に対して、自己を賭けるという所がなくては、まことの「信」とはいえないと思われます。

＊

相手の「信」を得るためには、われわれとして大事な事は何かというと、結局それは「誠実」、すなわち、ありのままの自己を相手の前に投げ出す事ではないかと思うのです。かくあってこそ、相手もまた自分の一切を投げ出して、これに応えてくれるわけで、結局夫婦というものは、このように互いに相手のために、身心ともに自己を捧げ合う人間関係だといえましょう。

*

真の夫婦というものは、お互いに相手の不完全なこと、否、欠点さえもよく知っていながら、しかもそれを互いにいたわりあう所に、相互の信頼は成り立つと言ってもよいでしょう。かくして、この波瀾《はらん》に満ちた人生の大海を、互いに手を取り合って渡っていくところに、この地上における真の夫婦の相《すがた》があるとも言えましょう。

*

夫婦というものは、あらゆる人間関係の中で、最も密着した人間関係であると同時に、また一面もっとも忍耐を要する人間関係だともいえましょう。同時にこの点に対する認識の欠除が、とかく夫婦間のいざこざの原因となるかと思われます。

*

夫婦生活というものは、お互いの欠点・短所を認め合いながら、しかもそれを噛《か》みしめ、噛みしめつつ互いにその人間認識を深める——という、いわばいたわりあいの連続だともいえましょう。

女性と男性

もともと男女という間柄は、その根底において、お互いの相互理解というものがいかに困難かということを、ハッキリとつかんでいる人は案外少ないのではないでしょうか。そしてこの点こそ、結婚生活をめぐる男女間の幾多《いくた》の葛藤《かっとう》や悲劇の生じる、最深の根因《こんいん》ともいえましょう。

＊

男女というものは、二つの中心をもつ一個の楕円《だえん》ではなくて、それぞれ中心をもつ二つの円が、たがいに半分くらい重なり合った二つの円のようなものともいえましょう。それ故、男女がお互いに相手を理解できていると思うのは、そうした二つの円の重なり合った部分だけでいうことで、他の部分は、お互いに相互理解のできがたい部分といえましょう。

＊

例えば女性の装飾本能、いわゆるおしゃれ好きというべきものは、男性にとっては理解できそうでいて、その根深さのほどは到底理解しがたいものがあると同様に、男性の勝他本能、すなわち賭けごと好きという事等は、女人にとってはこれまた理解に苦しむ至難さがあるようです。それというのも、これらはそれぞれ両性の本性に根ざす根深いものだからです。

＊

男女間の相互理解が、なに故かくも困難なのか。それは要するに、造物主より賦与《ふよ》せられた雌雄《しゆう》の生物的分担から生じるといえよう。すなわち、男性の任務は、世の中へ出て働き、妻子を養う資を獲得することであり、女性は家にあって、幼い生命をはぐくみ育てる――というその任務の相違から来るものでしょう。

＊

そもそも男性の関心は、仕事と妻という二つに分裂する運命を免れないのに反し、妻としては、何とかして夫の関心のすべてを、自分自身ならびにわが家へ集中させたいという要求を内心に持つわけです。ここに夫婦間の見えない深刻なあつれきを生ずる深淵《しんえん》があるといえましょう。

＊

もう一つ男女の性質の根本的な相違は、造物主が生物界に雌雄をつくった際の根本原則によるもので、すなわち、造物主は雄にはできるだけ多くの子を生ませるようにし、また雌には、わが子の父親たる雄を、その扶養《ふよう》のために手放さないように造られているということです。言いかえれば、雄のほうは「一夫多妻」型であり、雌のほうは「一夫一婦」型に造られているということです。

＊

男性の内部には雄のもっている性質、すなわち一夫多妻的な欲求が残存していることは確かです。すなわち、その傾向は、いわゆる「浮気ごころ」というものであり、ともすれば妻以外の女性に心を向けたがる傾向があるわけで、これが夫婦間の問題を深刻にする最深の因といえましょう。

＊

心深い男性は、内に一夫多妻的傾向をもちつつも、常に道義と理性によってそれを制御し、克服しているわけです。たとえ他の女性に対して浮気ごころを起こすことはあっても、その女性と自分の妻とを取り替えようということは、一部の例外者を除いてほとんど無いといってよいようです。

＊

こうした点についてゼヒお奨めしたいのは次の書物で、これは女性にとっては、これこそ「万人必読の書」といってもよいほどでしょう。

『泥にまみれて』石川達三著（新潮文庫）

夫の悲境

女性の真の強さは、柔順と忍耐に徹《てっ》することによって初めて生まれてくるものです。すなわち、真に柔順と忍耐に徹することによって、その人の「我」がとれ、そこに初めて現われてくるものこそ、男も及ばぬ真の強さです。ところが戦後は、ただ蟹《かに》が甲《こう》羅《ら》を冠《かぶ》ったようなものが、女性の強さでであるかに考える女性が多くなりつつあることは、女性自身のためにも歎《なげ》かわしい傾向です。

＊

そもそも男性の仕事には、とかく起伏盛衰《きふくせいすい》を免れ得ないものです。それ故妻たるものは、夫の逆境失意の時こそ、慈しみ深い慰《なぐさ》めと、心からなる激励を与えるようでなくてはならぬのに、戦後の女性の中には、それどころか、それが離婚の因となる場合さえ無いとはいえぬ現状です。

夫が落ち目に向かった時、いかなる態度に出るかによって、女性の真価は決するといってよいでしょう。ところが戦後の男女共学では、遺憾《いかん》ながら夫の悲境に際して雄々しく起ち上がり、一家の支えとなり、光りともなるような女性は、しだいに少なくなりつつあるのではないかと思われます。

＊

一家の悲境に際しては婦人は何よりもまず生活の切り下げを断行しうるような、現実の力と覚悟を要するのです。とりわけ未亡人になった時こそ、その人の婦人としての真価が問われるわけであります。

＊

愛についての断章

男の一生は事業によって、女の一生は愛情によって決まる——と言われますが、それにしても女は愛情という言葉を好み、あまりにも軽々しく使いすぎるようです。

*

真の愛情とは、求めるものでなくて与えるものであり、自ら捧げることを通して与えられるものです。それ故、いやしくも愛情を求めるものは、ただ単に受身的であってはならぬわけですが、戦後はこのことの分からぬ女性が、多くなりつつあるのではないでしょうか。

*

真の愛情とは、相手のために自己を捧げることである。相手のために自己を投げ出すことである。それなのに――。

*

真実の愛は、与えることによって、逆に自らが豊かになり深められるといってよい。

*

愛するということ、信ずるということは、たとえ相手にだまされても悔《く》いないという覚悟の上でのことといってよい。

＊

真実の愛とは、相手のためにどこまでも耐え忍ぶことである——ともいえよう。

＊

女人にとって大事なことの一つは、相手の、とくに男性からのお世辞やおだてに乗らないということでしょう。ところが、自分の美貌《びぼう》や知性に自信のある女性ほど、男のお世辞やおだてに乗りやすいようです。

＊

夫婦というものは、五年計画十年計画で、生活設計の共同目標をもつべきであり、それに向かって進む運命共同体といってもよいでしょう。

＊

夫婦が同じ一人の「師」を仰ぎ、同じひとつの「信仰」に生きることができたとしたら、世にこれほどの幸せはないともいえましょう。

＊

愛とは、包摂《ほうせつ》である。それ故、妻は夫にしたがいつつ夫を包むところがなくてはならぬ。そしてこれこそが、妻の持つ叡知《えいち》というものでしょう。

＊

妻の不機嫌・無愛想、さらには不平不満ほど、夫を意気消沈《しょうちん》せしめるものはない。その反面、妻の明るい笑顔ほど、夫をして勇気百倍せしめるものはない。

＊

昔の婦人は「寝顔を夫に見せぬ」ということが、妻としての大切なたしなみの一つとせられたが、現在こうしたたしなみを失わない婦人が、果してどの程度にあると言えようか。

＊

女は受け容れることによって、生むものである。したがって、女性が批評的になるということは好ましからぬことである。なぜなら批評とは、相手を斬って捨てることだからである。それ故、女性に対する高度の教育は特別の配慮を要するのに、世上この点を洞察している見解は意外なほどに少ない。

性生活のこと

性関係は、夫婦をつなぐ太い絆《きずな》ではあるが、同時にそれは、逆にふたりの間を割く深い溝ともなるといえよう。したがって、性関係だけでつながっている夫婦ほど、脆《もろ》くもまたはかないものはない。

＊

性生活における性愛の満足を過重視すべきではなく、またあまりに過大に期待すべきでもない。何となれば、欲望は限りなきものであり、一〇〇％の常時満足には、いつまでしても到り得ないものといってよいからである。

＊

性生活は、単なる技巧《ぎこう》に走ってはならぬ。それはかえって不自然であり、ますます迷宮に陥り、性の本然の姿を見失うに至るからである。

＊

性生活の技巧や体位について、週刊誌や雑誌などの興味本位煽情的《せんじょうてき》な記事にだまされてはならぬ。かかる週刊誌や雑誌の類《たぐい》が世上に流す害毒の甚大《じんだい》さのほどを深省すべきである。

＊

性の自由、性の解放を説く人もあるが、これは性の神秘性を知らぬ人の言であって性の自由や性の解放によって、かえって性の歓《よろこ》びが失われ、傷われることに思い至らぬ浅はかな所業《しょぎょう》である。

＊

男性が情事によって失うものは人格的信用であるが、女性は情事によって人格的にも肉体的にも、さらには心理的にも深刻な打撃を受けるのである。このように性の自由、性の解放によって、女性の失うものは甚大であるのに、男女共学では、この点に対する解明も警告もなされていないのが現状である。

＊

妻は夫に対して、何時までもその肉体的羞恥心《しゅうちしん》を失ってはならぬ。女性における羞恥心の喪失は、若さと魅力の喪失であり、根本的には神性の喪失であるともいえよう。

＊

女性における神性とは、まさに受胎《じゅたい》本能をいうのである。子どもといういのちを宿し、それを生みかつ育てる母性本能をいうのである。

＊

夫婦関係とは、肉体関係をともなう精神関係ともいえる。夫婦関係とは、肉体関係と精神関係との切り結んだ点に初めて成立するといえる。

＊

性欲と愛情とは同時相現の場合もあれば、またそうでない時もあって、こうした点にも、夫婦生活の微妙さと困難さがある。

＊

性生活における妻の忍従に対して、「天」はその見返りを用意してあるともいえよう。すなわち男女における性感の質的相違がそれである。

＊

夫を軽蔑《けいべつ》する女性は、不感症に陥りやすい。結局、その傲慢《ごうまん》さが見えないところの性感において差し引かれるわけである。これぞ正しく大自然の摂理《せつり》といえよう。

＊

また美貌を誇る女や、また学歴のような外形的な知的上位を鼻にかける女性も、とかく不感症に陥りやすいといわれる。同時にそれによって皮肉にも、「天」的バランスがとれているわけである。

＊

悪妻とは、性生活をも勘定に入れて、夫にそのツケを廻《まわ》すものともいえよう。

＊

世の中には、いつでも、又どんな状態でも、不平を言わねば承知できないという、先天的な欲求不満型の女性もいるようである。まことに禍なるかな――である。

＊

夫婦の妙諦《みょうてい》は「われわれは、神でもなければ、さりとてまたけだものでもなく、お互いに人間である」――ということを、互いに深く認識し合うことであろう。

＊

夫婦の性生活における和合の秘訣

㈠　夫は妻をいたわること

㈡　妻は夫にしたがい、夫に合わせること

㈢　お互いに無邪気さと自然さを失わないこと

＊

夫婦の性生活においては、お互い自然ないたわりはよいとしても、たんなる技巧に走ってはならぬ。ごく自然なあり方が好ましく、油っこい濃厚なご馳走《ちそう》よりもお茶漬の味のほうが案外飽《あ》きがこないともいえよう。同時にこれは、その道のベテランの最後に行き着くところらしい。

＊

そもそも夫婦生活というものは、興奮の持続する生活ではなくて、それは静かな流れのように、平凡な日々の暮らしの積み重ねである。しかるに戦後のジャーナリズムが、この静かないのちの流れを攪乱《かくらん》した罪は深くして許し難い。

夫婦生活

かりそめにも夫たるものは、妻の顔・貌《かたち》の不器量さについては、一言たりとも触れてはならぬ。同様にまた妻も、夫の稼ぎの不甲斐なさについてはゼッタイに触れてはならぬ。これだけは、夫婦として生涯の禁句とすべきである。これほど相手の心を傷つけ、損《そこな》うものはないからである。

＊

妻の明るい笑顔ほど、夫を勇気づけ慰めるものはない。したがって、朝には夫を笑顔で見送り、夕べにはまた笑顔をもって迎えるべきである。ゆえに妻たるものは、朝晩の出勤、帰宅の一瞬に、その細心の心を砕くべきであろう。

＊

妻の化粧は、本来女のたしなみであると同時に、もともと夫や子どもへのものではあるまいか。それが若妻の頃はとにかく、次第に外出時のみの厚化粧に変わるのは、結局は心の弛みというほかないであろう。

＊

婦人団体や宗教団体の集まりとか、あるいはＰＴＡの会合などで妻の外出がたび重なり、留守がちになるのも考えものであろう。妻としては、社会的活動そのものより、女性としての本来の使命のあることを、あくまで忘れてはなるまい。

これだけの俸給《ほうきゅう》を得るために、主人がどれほど毎日、下げたくない頭をさげ、言いたくないお世辞を言っているか——ということの分かる奥さんにして、初めて真に聡明な母親と言えるわけです。

＊

夫婦の仲というものは、良きにつけ悪しきにつけ、お互いに「業《ごう》」を果たすために結ばれたものともいえよう。そしてこの点に心の腰がすわるまでは、夫婦間の動揺は止まぬと見てよかろう。

＊

夫婦という肉につながる関係においては、相手をコトバによって説教したり、教育しようなどとは夢にも考えてはなるまい。そもそも一切の人間関係のうちで、夫婦の間ほどに忍耐心を必要とする人間関係は他にはあるまい。

＊

「旅は道連れ、世は情け」――といわれているように、夫婦というものも、思えば人生という「旅」の道連れというべきであろう。いずれが先ともいえないが、ともかく、生きている間は、互いに「いたわり」あっていきたいものである。

＊

夫婦喧嘩の注意

㈠　お互いに極限的なコトバや、相手にとって致命的なコトバを慎しむこと。夫の口から「出て行け!!」とか、妻から「別れたい!!」というようなコトバは、たとえ首がち切れても絶対に言わぬこと。

㈡　又いつまでもその場にいないで、別室にゆくとか、さらには戸外をひと回りするとかして、その場を避けること。そしてこれは、夫の方が暴力沙汰《ざた》にならぬ以前に心がけること。

㈢　何よりも「忍耐!!」そして「時」の経過を待つこと。この場合、女は長期の沈黙戦術には強いことゆえ、女の方からコトバをかけて和解すること。

離縁の悲劇

夫婦という関係は、一方からは親にも見せないような全裸の姿を曝《さら》し合う間でありながら、他の一面いわゆる「合わせものは離れもの」という面があり、油断をすればお互いに離れる危険性があるわけです。その点、夫婦の関係は、親子の関係よりはるかにもろいとも言えましょう。

＊

「離縁」ということは、人生における最深の悲劇の一つと言えますが、その際、男女のうちどちらがより深い被害を受けるかと言えば、もちろん女性の側です。かりに二人の間に子どもが無くてさえ、男性と女性とでは再婚の困難さは同じでないどころか、非常なひらきがあるわけです。いわんや、子どものある場合には、女性の方は子どもを連れて別れれば、それはそれで困りますし、また子どもを男の方に残して別れても、なるほどそれによって再婚には多少つごうは良いとしても、そこは女性ゆえ、その根深い母性本能のために、終生心の痛手の消える時はないわけです。

＊

しかし、夫婦の「離縁」によって最深の被害をこうむるのは、実は罪なき子どもたちだということを、今日日本の女性は改めて深く心に銘記《めいき》すべきでしょう。

＊

それ故女性としては、「離婚」は絶対に避けるのが至上の大原則であり、一たびこれを誤《あやま》れば、終生とり返しのつかぬ不幸が次つぎに生ずるわけです。同時にこうした冷厳な事実の連鎖や継起《けいき》への深い洞察こそ、女性としての最高最深の叡知というべきでしょう。

＊

しかも女子の大学教育が、こうした叡知と無関係どころか、むしろ正逆ともいうべき現象を呈《てい》しつつある現象に対して、一たいこれをいかに考えたらよいでしょうか。

＊

現在わが国の離婚率は、世界有数の離婚国に数えられている現状ですが、これは誠にゆゆしい問題です。しかも、そのうち妻の方からの離婚申出が、今や七割を越えつつあるという現象は、そもそも何を意味するものでしょうか。民族の前途《ぜんと》を思うとき、これに勝る憂患事《ゆうかんじ》はないともいえましょう。

妻としての責任（内助の功）

戦後の教育は、結果的には子どもたちの「自我拡大」の傾向を強化させたために、妻の「内助《ないじょ》の功《こう》」などというと、「男女同権だから、女も男と同様に外へ出て働きたい」と考える女性もあるようですが、これは、男女の受け持ちの相違という「宇宙の大法」を無視した「男女共学」論の誤りから結果したものといってよいでしょう。

＊

夫婦の内外の別は、大別すると

㈠男性が外へ出て働き、女性は内を治めるか、㈡女性が外に出て働き、男性が内を治めるか、㈢それとも、男女共に外へ出て働く、いわゆる「共働き」か――。

以上の三つに帰するわけですが、世間の実情から考えて、㈠の男が外に出て働き女が内を治めるというのが最もムリがなく、結果も良いと言えましょうが、それは、これが「宇宙の大法」だからにほかなりません。

*

かえりみて、㈠主婦として家事を充実させ、また㈡母として子どもたちを一人一人リッパな人間に育て上げ、㈢そして妻として夫の仕事に対しても「内助の功」により、背後から協力することができたとしたら、女性としていかに安定し、かつ充実した人生となることでしょう。

*

妻としての「新しい内助」の一つとして、妻たる人が新聞・雑誌などを読んだ際、「これは主人も知っておく必要があるだろう」と思う事柄については、心してその切り抜きをするとか、または赤鉛筆などで印をつけておき、主人が帰ったらそれを見せるというわけです。

これは、世の中がだんだん複雑になり、分業化し専門化して来るのが社会の大勢であり、したがって男は、こうした犠牲の下に働いている故、視野の狭小《きょうしょう》さを救う一助として、妻のこの種の内助の功は、予想を越えてはるかに重大な意味をもつといえましょう。

五　主婦道

雨

雨は土をうるおしてゆく
雨というもののそばにしゃがんで
雨のすることをみていたい

八木重吉

宗　不　旱

故里になほ身を寄する家ありて春辺を居ればうぐひすの鳴く

子を思う親の涙にあひぬべく肥の国山鹿《やまが》かへり来にけり

この夜らは楽しくあらな泣くな子ら我に打たしめでんでん太鼓

ねむりゐる時のあひだはこころよく息づく我か夕鵙《もず》のこえ

ひとり来て荒磯《ありそ》の岩根わがゐるに暮れずもあれよ沖のうき船

　　ひさかたの子に会うて

走りゆく子のうしろかげ浅草の夜の燈火《ともしび》をわが見てゐたり

ほほづきの色つきそめし草の鉢ひとつを欲しと妻のいふなる

天地《あめつち》にひとりの母をうしなへば薺《なずな》花さへ眼にふりにけり

家庭というもの

女性は「家庭における太陽」である。女性は「家庭」という王国にあっては、まさに太陽のように、全家族員の心を温め、その生命を哺《はぐ》くみ育てること、あたかも太陽のようだというわけです。

＊

家庭というものは「人間形成の道場」といってよい。しかもその中心責任者は、父親であり夫としての男性ではなくて、妻としてまた主婦として、さらに母親としての女性だということは、どれほど噛《か》みしめても足りないほどに味わい深きものがあるといえましょう。しかも、この点に対する自覚の不十分な女性が戦後少なくないようですがいかがでしょう。

＊

女性は家庭における「太陽」のように全家族員を温かく包容し、哺くみ育てねばならぬと同時に、女性はまた、海上が荒れて風浪《ふうろう》の激しい時、多くの船がそれぞれ最寄りの港に避難する際の良港にも比すべき役目をも果たさねばならぬのです。

＊

そもそも男というものは、複雑な世の中というものをその活動の「場」として、まるで雄狼《おすおおかみ》と雄狼とが血だらけになって、一匹の獲物を奪い合うような一面がありますから、大なり小なり、心の傷つかぬ日は無いとも言えるわけです。ですから、そうした絶え間なき心づかいへの深い察しこそ望ましいわけで、これこそ女性としての知恵の最上なるものと言ってよいでしょう。

＊

女性の徳として最大なものの一つは、「耐え忍ぶ」ということでしょう。常に自己の激情に耐えてこれをこらえ、これに打ち克つことによって、家族全員の心を包容してゆくのが、その本質的な任務なわけです。かくあってこそ、初めていいたいけな子どもたちの魂も、すくすくと生い育つことができるわけです。

*

男子の仕事は専門的であり、直線的ですが、女性の仕事は、円の中心に立ちつつ円周上の無数の点に向かって、それぞれ半径を引くようなもので、次から次へとあらゆる種類の仕事が順序次第もなく現われてくるわけです。それ故、一家の主婦としてその仕事のさばき方のいかんは、実に重要な問題となるわけです。

*

とりわけ女性は、心を常に一家全体の上に配りながら、眼前の仕事を、その時その場で、即座にかつ手早く処理して行く心がけが大切です。それというのも、すべて物事というものは時を移さず、「すぐにその場で」処理するのが手軽でもあり、また結果からいっても、労少なくして効が多いからです。

家計簿

「家計簿」をつけるということは、妻たり主婦たるものの第一に守るべき絶対的義務の一つというべきでしょう。同時にこれは、一家の家計を委《まか》されている責任上、主婦としては当然の第一義的な義務です。家計簿一つ付けないような女は、主婦としての資格が全欠しているといえましょう。

＊

それ故、家計簿をつけることを面倒がって、ズルズルべったりにその日暮らしをするということは、夫に対してはもちろんわが子に対しても、愛情のない何よりの証拠といってもよいでしょう。

＊

お金というものは、一切ごまかしの利かないもので、例えば、百円の切符は九十八円では買えないわけです。そして、そこに金銭というもののきびしさがあるわけです。

＊

家計を引きしめる上での注意五カ条

㈠「入るを計って、出ずるを制する」
㈡ 収入の四分の一以上は必ず貯金すること。臨時の収入はすべて貯金すること。
㈢ いかに安いからとて、不用不急の品は絶対に買わぬこと。
㈣ 買物は慎重にし、衝動買いをしないこと。
㈤ 大きな札をくずすのは、一日でも先にのばすこと。

＊

一家の主婦たる者は、結婚のその日から必ず一年の見通しを立て、ついで月々の予算を割り出すべきでしょう。そして日々の出納《すいとう》の跡を詳細に記録し、どうして予算通りにいかないかを確かめなければなりません。

＊

家計というものは、一カ月単位では不十分で、やはり最低一カ年を単位とするのでなくてはいけない。それというのも、色々な不時の出費を見過ごしやすいからです。例えば税金とか中元・歳暮の贈答とか、あるいは親戚・知友への吉凶の贈答、さらには家族の病気や保険金等々というように、一カ月単位だけでは、ともすれば逸《いっ》しやすい多くの出費があるためです。

＊

真の家計というものは、実は一年単位でもまだ不十分で、少なくとも三年、否、本当を申せば十年、否、さらに根本的には、結局一生の見通しをつけた上でなければ真の家計とはいえないでしょう。それというのも、子女の教育費や結婚費というようなものは、十年、二十年も前から大たいの見通しはできる事柄ゆえ、それを見通す聡明さこそ、真の「叡知」というものだからです。

お金の貸借

お金というものは、原則としては「借りず、また貸さず」というのが良く、そのうち他人からお金を借りないということは家計の根本原則ですが、さらに原則としては、他人に金を貸さないという事も、これまた非常に大切なことです。必ずしも全然貸すなというのではありませんが、同時に貸した以上、返るものと考えてはいけない——ということです。すなわち、返らぬ場合のほうが多かろうとあらかじめ覚悟した上でのことです。それ故、この辺の腰のすわらぬ間は、たとえ人から冷淡《れいたん》と思われようとも、むしろハッキリ断わるべきでしょう。

＊

以上お金の貸借に関しては原則としては、「いかに親しい間柄といえども、お金の貸借は一切しない」がよく、でないと金が返らぬのみか、友情までも失うことになりがちだからです。

それ故、もしどうしても断りきれない場合は、先方の申し出の金額の何分の一かを貸すのではなくて、あげることにした方が、かえって後腐れがなくてよいといわれるわけです。

＊

とくに女人は、いかに困ろうとも、主人に内緒で他から金の融通を受けるということは絶対に禁物です。とりわけ「サラリーマン金融」とか「信用貸」などからは、ゼッタイお金を借りないように――。万一この禁を犯したとしたら、必ずや早晩《そうばん》一身の破滅に留らず、全家族が奈落《ならく》の底に落ち込むこと必定といってよいでしょう。

＊

金を貸す以上に気をつけねばならぬのは、他人の借金の保証人として受け判をしないということでしょう。普通にはともすれば受け判の方は、借金などより軽いかに考えがちですが、これはとんでもない誤りで、事実はまさしく正逆で、世に受け判ほど恐ろしいものはないといってもよいでしょう。

料　理

女性として、主人をはじめわが子に対する愛情の程度は、その女性《ひと》が、日々の惣菜《そうざい》料理に、いかほど心を込めているか否かによって、計ることが出来ると、一応はいえましょう。

＊

女性は結婚までに、わが家における母の料理をすべて身につけて結婚し、そして結婚後は、嫁ぎ先の母親の料理を合せ修めれば、料理の実力は相当のものになるわけです。だが、これを実行する人は意外なほどに少ないようです。

＊

女性にとっては、料理の味が分かるのと、世の中の味が分かる事との間には、深い関連があるようです。言いかえれば、料理の味のよく分かる女《ひと》は、一般に聡明な女性が多いということです。それというのも、女性の叡知は、どこまでも直観的具体的であり、したがってそれは、家庭を「場」として発揮せられるものだからです。

*

料理について大切な事は、次の三つの事柄、すなわち㈠味と㈡栄養と㈢経済という三つでしょうが、それらの中のどの一つが欠けても、合格とはいえないでしょう。そうした点からも、まず主食を白米から玄米に切りかえることから始めるが良いでしょう。

*

玄米食は、㈠栄養、すなわち健康上はもとより、㈡経済的にも玄米食にしますと、栄養分が多くなるために肉類などはほとんど欲しくなくなり、この点だけでも大助かりといえましょう。㈢また味の面からも玄米食は、白米食より何ともいえないコクのある味わいです。

＊

玄米食と味噌汁《みそしる》及び野菜を主とした料理は、いわゆる「自然食」であって、われわれ日本人には最も相応わしい「正食」といってよいわけです。

掃除・洗濯・家事

一家の主婦として、育児と料理のほかに、掃除と洗濯という家事があります。近ごろの若い女《ひと》の中には、「家事なんてつまらない」として、軽視する人も少なくないようですが、それはまだ現実の人生というものが、どういうものかが分かっていないからです。

それというのも、女の人にとって家事を処理するということは、一家の生活を真に充実させ、隅ずみまで秩序を与えることであって、元来女性にとっては最大の楽しみであるべきはずです。

＊

その家の主婦のたしなみのほどは、一歩その家へ足を踏み入れれば、何人にも直ちに分かる事柄です。さらに応接間や座敷へ通されれば、いよいよそれが確かめられ、そして最後にトイレを拝借《はいしゃく》すれば、最後のとどめが刺せるわけです。

＊

真の「教養」とは、日常生活の隅ずみまで浸透《しんとう》するものであって、小説を読んだりピアノは弾けても、トイレはいつ掃除したか分からぬというようでは、真の「教養」とは相去ること千万里です。

＊

整頓は、ある意味では主婦として最大の徳ともいえましょう。古来、ふしだらな女《ひと》を貰ったご主人は、生涯うだつが上がらんと言われるのも、もっともなことです。それと言うのも、その家の家風というものは、一歩玄関の内へ踏み入れたら、すぐにその見当はつくからです。なかんずく履物の揃《そろ》い加減一つでも充分に分かるはずです。

＊

玄関の履物がキチンと揃っていて、しかもその数が少なくてキリッとしている。その上植木鉢か何かが置いてあるという玄関でしたら、一歩入ってすでにその家の家風の一端は窺《うかが》えるといえましょう。

交　際

また交際は広くて浅いより、狭くても深くて細やかなほうが望ましいといえましょう。これは、女人にとっては大切な心がけで、女で男子と同様に手広く交際をしますと、色々と支障をきたすようになりがちです。それというのも、妻の昔の交際範囲が広過ぎますと、とかく夫婦間の物言いの種となるからです。

＊

贈答は、それが親しい間柄で、精神のこもった場合には、こよなく有難くかつ喜ばしいものですが、もしそれが形式的儀礼的な場合には、贈る側にも、また貰《もら》う側にも共に無用な失費《しっぴ》といえましょう。それ故、交際範囲を広げるということは、家そのものとしても、差し控えるべきことですが、とくに女同士の贈答はその点よほど慎重に考えねばなりますまい。

嫁と姑

嫁《よめ》と姑《しゅうとめ》の間柄は、古来宿命的な難関とせられているようですが、それにはヤハリそれだけの理由あってのことでしょう。

では何ゆえ両者は宿命的かというに、姑の側からいえば、嫁はわが最愛の息子を、わが手から掠奪《りゃくだつ》したいわば敵といってよく、同様に嫁の立場からは、姑は自分たち夫婦の睦《むつ》ましさを嫉妬《しっと》し、常にそれに水をさそうとする邪魔者として映ずるわけで、ここに姑と嫁の間柄が「宿命的」とせられるゆえんがあるわけです。

＊

このように姑と嫁との間柄は、互いに最愛なる一人の男性——姑にとっては愛し子、また嫁にとっては最愛の夫——を中にして、互いに自己の独占欲を妨害する堪《た》え難い邪魔者として睨《にら》み合い相対立する二人の女性ともいえよう。

＊

ではかような宿命的な難関を超える途《みち》が、はたして有り得るかどうか。わたくしの考えでは、これを越える完全な途は無いとしても、双方の心構えと、その絶えざる努力によって、可成《かな》りな程度までは越え得るかと考えるわけです。

＊

そしてそれには、姑としては、嫁は最愛のわが子が選んだ最愛の配偶者ゆえ、わが子が真に可愛かったら、嫁を息子から切り離さずに一体として愛すべきである、少なくとも嫁を憎むということは、最愛のわが子の心を、これほど痛ましめる所業《しょぎょう》は他には絶無だということを、心の底に徹して体認すべきであり、そしてそれには結局、姑の「母性愛」が、今や深められ広げられて、息子と嫁とを一体として包摂《ほうせつ》し得るようになるほかないでしょう。

＊

同様にまた嫁としては、姑はわが最愛の夫を、いのちにかけて愛し育て上げてくれた人なのに、今や自分が出現して夫の愛を、わが身一人に集中させようとする「愛の掠奪者」になったのだ——ということへの深省が、根本的に要請《ようせい》せられるわけでしょう。

それ故嫁としては、姑の親心の悲痛さを心の底から察することが根本で、つまり子として姑の気持ちを、どこまで察しうるか否か、ということでしょう。

＊

かくして姑は結局、嫁に対して親心を持つようになること、即《すなわ》ち深められた「母性」に目覚め、嫁もまた姑に対して子心に目覚め、かくして互いに相手方の心を察し合う時、初めてそこに「忍苦」を越えてしみじみとした相互理解の世界が開かれるのではないでしょうか。これ以外に「姑と嫁」の間柄の真の解決の途はないでしょう。

六　真実の母に

赤ん坊が笑う

赤んぼがわらう
あかんぼがわらう
わたしだってわらう
あかんぼがわらう

八木重吉

（さる思想誌のセックス特集号に寄稿を
請はるるまま慎みて即ち七首）

稲村幸子

セックスを歌に詠むべく春兆《きざ》す夜頃ひたすら語彙《ごい》練りゐたり

「与ふるは享《う》くるに同じ」と声柔く囁《ささや》きて初夜吾を抱きし夫

讃ふるも卑しむもなべて持つ性に人は飽くなく命生き継ぐ

父母がいかならむ夜の睦《むつ》みにて吾は生れしや唐突におもふ

まさやかに吾は人間と生れ来つ父の性母の性涙ぐましも

羞ぢらひをともなはぬとふ交合のありとし聞けば心おののく

浄らかに在りし一日と安らふに仏語はかなし「煩悩《ぼんのう》無尽《むじん》」

歌誌「夢」の選者

女性の大業

女性の勤めは、夫に仕えて内を治めることと、今ひとつはわが子を良く教育すること。それ故女性は、夫及びわが子を通して世の中に尽くすわけです。

＊

女性の分担すべき責任の中には、大きく分けて、㈠妻として夫への内助と、㈡主婦として一家を処理してゆく仕事、㈢わが子の教育、とくに家庭教育――という三つの大きな責任領域があるわけです。そしてこれら三つの領域は、互いに連関しているわけで、他の二つが良くできていないのに、そこだけがリッパにできるということは、ほとんどあり得ないといってよいでしょう。

＊

わが子をどのような人間に教育するか、その根本方針の一つは、「一旦志した事柄は、石にかじりついてもやり抜く人間」ということであり、今一つは「人に対して親切な人間」に育てるということでしょう。

＊

だが子どもというものは、いわゆるお説教によってリッパになるのではなくて、家庭における両親のコトバと行動はもとより、とくにその母親の心情と叡知《えいち》によってリッパに育つものです。

しつけの三大原則

家庭教育の主役は言うまでもなく母親であり、少なくとも小学校への入学前までの基礎的なしつけは、完全に母親の全責任というべきでしょう。

「しつけ」とは、家庭教育の土台であって、それは「良い子になりなさい」とか「リッパな人間になるんですよ」など、観念的一般的なお説教をすることではなくて、われわれ人間がその社会生活を営む上で、どうしても必要な所作《しょさ》とか、たしなみをいうわけです。すなわち、だれの眼から見ても分かる身体的な動作であり、人間的な所作を意味します。

*

人間というものは、元来身心相即的《しんしんそくおうてき》存在ゆえ、性根の確かな人間にしようと思えばまず体の面から軌道《きどう》に乗せなくてはなりません。そしてこのような要求から生まれたものが、古来しつけと呼ばれてきたものです。

*

「しつけ」の三大原則

(一) 朝必ず、親にあいさつのできる子に――それには当分の間は母親の方から呼び、水を出すこと。

(二) 両親や祖父母から呼ばれたら、必ず「ハイ」と返事のできる子に――それには母親自身が、主人に呼ばれたら、必ず「ハイ」と返事をするのが根本秘訣《ひけつ》です。

(三) 履物《はきもの》を脱いだら必ず揃《そろ》え、席を立ったら必ずイスを入れる子にすること。

＊

以上がしつけの三大原則であって、この三つの事柄さえしっかり身につければ、親としてしつけの根本責任は、一応済むといえましょう。それというのも、あいさつと返事によって、親の言うことの素直に聞ける子になるからです。つまり、心の受け入れ態勢が整うわけです。いわば心のコップが上向きになったようなもので、コップがふさがったままでは、何をついでも辺りを汚すばかりで、むしろ注がない方がましなくらいです。

＊

第三のしつけ、すなわち「履物を脱いだら必ず揃え、席を立ったら必ずイスを入れる」――このしつけは、わが子を人としてしまりのある人間にする極秘伝であると共に、金銭に対しても、しまりのある人間にすることができるわけです。

＊

「しつけ」の時期は、幼稚園に入る前頃から始めて、遅くとも小学校入学前までに、以上三つの根本的なしつけを完了しなければならぬわけで、おそらく一カ月から最大一〇〇日前後ですむでしょう。

しかもそれが、わが子の一生を通して、その人間形成の土台になるのですから、これほど労少なくして効の多い努力は、他には絶無といってもよいでしょう。

＊

「しつけ」の仕方

㈠「しつけは、お説教ではできない」――これがしつけの根本原則です。

㈡ しつけの根本責任者は母親であり、

㈢ そしてしつけは母親自身の実行以外にない――。

母親たるものは通身徹骨わが身に体すること。

かくして母親は、毎朝主人をはじめ、家中の者に向かって、心から爽《さわ》やかに朝のあいさつをすること、これがしつけの第一歩です。

＊

次に母親は、主人に呼ばれたら必ずきっぱり「ハイ」と返事をすること――。もしこの一事が真に徹底的に行えたら、もうそれだけでも子どもは、一応親のいうことを聞く子になりましょう。

小学生のしつけ

(A) 小学校入学までに、以上三つのしつけの根本原則が仕込めたら、次には小学校の一年生から二年生の間のしつけとして、

(一) 夜寝る前に学用品を揃えさせて忘れ物をしない子にすること
(二) 夜寝る前に、自分の着ていた服をキチンとたたんで枕上におくこと

(B) 小学三、四年生になったら、

㈠ 何か一つ二つ「家事」の手伝いをさせること。これは、わがままな子にしないための最大の秘訣です

㈡ 子どもには各自自分の寝具の始末をさせること。——これは人間として実に大事なしつけゆえ、必ず守らすように

*

(C) 小学五、六年生になったら、

㈠ 男の子には、毎朝家の前を掃かせたら、一生の「宝」を身につけたも同様

㈡ 女の子には、配膳《はいぜん》と後片づけは、女として当然の仕事としてさせること

㈢ 女の子には、さらに自分の靴の外に、父親の靴をも必ず磨かすこと

㈡と㈢は他日女らしい娘にするための二大秘訣といってよい。

(D) さらに五、六年生辺の大事なしつけとしては、

㈠ 朝、親に声で起こされないで、ひとりで起きる子どもにすること

㈡ それには母親がラジオをかけてやるか、それとも子ども自身が目覚し時計をかけて寝るか、どちらでもよいが、とにかく人間として「自立」的精神を養う上で、これほど有効かつ適切なしつけはない

子どもの家庭学習

子どもの家庭学習としては——

㈠ 小学の一、二年の間に、国語の本を朗々《ろうろう》と自信をもって読めるようにすること。それには親が一ぺん、子が一ぺん、代わり番こに一〇回以上読んで、少なくとも読むことだけは、子どもながらに自信を持たせること。これこそ家庭学習の極秘伝で、これがやがてその後の家庭学習一切の土台となるのです

㈡ 小学二、三、四の三カ年間の算数は、一つも解らぬ問題をなくするように。それには四年生の三月までは、母親が毎日必ず勉強の相手になってやること。

以上二カ条を徹底的にやれば、わが子の学習への母親の直接責任は完了。

㈢　小学の五、六年からは、子ども自身の自主学習に切りかわること。したがって子どもから尋ねられないのに、親のほうから教えるのは考えもの。というのも、それを続けると中学の二年生ころになって、子どもの実力が急激に落ちてくる。それは五年と六年の二カ年を、自主的な学習を身につけさせなかった結果だからです。

*

中学生および高校生の勉強に対し、母親としてとるべき態度、

㈠　わが子に対して「勉強しなさい!!」と口ぐせのようにいうことは、首が切れても絶対に止めること

㈡　同時に、いやしくもわが子が机に向っているのを見たら、必ず日に一度はホメてやること

以上の二カ条を「願」でもかけたつもりになって徹底的に実践すること

テレビ対策

今日家庭教育上もっとも心すべきは、テレビ問題といってよい。

テレビに対する根本対策

㈠幼児はテレビには絶対に近づけないこと。万一これを怠《おこた》ったら、その児の視力は一生そこなわれるが故に

㈡宿題の済むまでは、絶対にテレビを見ないこと。——つまり「義務を先にして娯楽を後にする」という根本態度の確立

㈢テレビは寝ころんで見ないこと。テレビは家庭における常設映画館ゆえ、映画館に入りびたりでは、人間をフヌケにしてしまうのは不可避の必然

㈣テレビの視聴番組を決めて、時間は一日に三十分以内とすること

㈤家族全員の協力を得て、一週に一日「テレビを見ない日」を決めること

以上の五カ条が、どこまで守れるか否かが、わが子の一生の運命の岐《わか》れ途《みち》となるといえよう。

＊

男の子を剛健《ごうけん》に育てるには、母親自身が己《おの》れを空《むな》しうして、夫に対して仕《つか》える事に徹してはじめて可能であり、女の子を素直に育てるには、母親自身が、忍耐づよく生き抜くことによって初めて可能となる事柄でしょう。

腰骨を立てる

朝起きてから夜寝るまで、「腰骨《こしぼね》を立て続けること」。これわれわれ人間にとって性根を入れる極秘伝。したがってこの一事をわが子にしつけ得たら、わが子への最高最大の贈り物といってよい。

＊

腰骨を立てるには、次の三段階に心して
㈠お尻を思い切り後ろにつき出すこと
㈡反対に腰骨をウンと前へつき出すこと
㈢下腹に力を入れ、それをできるだけ持続すること
そうする事によって、肩の気張りがスカッと取れ、上体がごく楽になり、自然にドッシリと落ちついた人間になれる。

＊

人から「子どもの教育上、何が一番大事か」と尋ねられたら、わたくしは一瞬の遅《ち》疑《ぎ》もなく「それは常に腰骨を立てる人間にすることです」と答えるでしょう。

＊

母親としては、子どもの腰骨が弛《ゆる》んでいる時には、後ろから手を当てて直してやる。するとその子は突然後ろから直されるので、やや不満気に後ろをふり向くが、その際の母親の態度こそが大切。それはその際ニッコリ笑うだけで、一切小言を言わぬとい

うのが極秘伝。それを「あんなに注意しているのに、まだあんたはできんのかね」など言ったら、それこそ一切が打ちこわしです。

女子教育

女性にとって結婚というものは、これまでの自分が一度死んで、新たに生まれ変わる事だともいえましょう。そしてここに女性に特有な運命があるともいえます。それ故女の子は、心して子どもの頃からその躾《しつけ》を厳しくしなければならぬわけです。

＊

外出などについても、女の子は男の子と比べて、かなり控え目にするが良いでしょう。特に帰宅の時間などは、男女によってかなりなひらきが必要です。それというのも、わが子の将来を考えたならば、女の子には小さい時から、外出を控え目にさせるくらいの心の用意は、母親としては当然に必要な心づかいだからです。

＊

男は元来外で働くもの、女は家を守るもの――これは大局的には、永遠に変わらぬ宇宙的真理です。つまり、子どもを生み育てることが男の役目とならない限り、男は外で働き、女は内を守るという、この人類の根本原則は永遠に変わらないわけです。

＊

それ故女の子には、小さいころから家事の手伝いをさせ、家事に馴《な》れ親しむように育てるべきです。女の子でありながら、大きくなるまでろくろく家事の手伝いもさせないで育ててしまうからこそ、親のいうことの聞けぬ娘になるわけで、むしろ当然と言ってよいでしょう。

＊

わが子に家事を手伝わせるという事は、母親の手が省《はぶ》けて楽になるなどというためでは断じてなく、あくまでわが子の将来を思えばこそです。楽という点では、自分一人でやる方が、なまじ足手まといがなくて、はるかに楽といえましょう。しかしそれでは、真の愛情とはいえません。

真実の愛

子どもは乗り物ではなるべく立たせるように。これは物事に耐える人間にするだけでなく、身体の平衡感覚を身につけさせるためにも大事な躾のひとつです。そして、たとえ席があって腰かけていた際でも、お年寄りや子どもを抱いている人が乗り込んできたら、いかに疲れていようと、必ずその人に席をゆずるような人間にしつけたいものです。それには、まず母親自身がそれを実行するんでなくては、どうなるものでもありません。

*

同じく子どもに菓子を与えるにしても、チョコレートとか、ショートケーキなどのような洋菓子類は、とかく甘味が強すぎる故なるべく避けて、これにかえるに塩せんべいとか、あるいは黒砂糖製の駄菓子とかいうように、すべて田舎風な素朴なものにするように、最初にその選択を誤らないことが大切です。

＊

わが子に対する真の愛情とは、現在わが子の一言一行に即して、その気持ちを深く察しつつ、その子の将来のために、どのような事をいかにしつけるかという母親の叡知の問題です。げに真実の愛とは知恵であり、真実の知恵とは愛である。

＊

服装などもなるべく質素にして、常に隣近所の子どもより、一段質素なものを着けさせるだけの聡明さと勇気を、母親たる人は常に忘れぬことが大切です。ところが世の心なき母親は、隣近所の子どもより質素どころか、できれば一段ぜいたくな物を着せて得意とする人が多いようですね。

＊

食事にしても、もし玄米食への切りかえができないとしたら、せめて半搗米《はんつきまい》か麦飯にし、副食物にはなるべく野菜を多くして肉類を少なくし、また調味にはなるべく砂糖の量を少なくするなど、こまごまと心を配ることが大切です。

＊

さらに母親自身なるべく外出を控え目にし、特に百貨店や繁華街などへは、相当の年配になるまでは、子どもをなるべく連れて行かない方針をたてることなども、真に子どもの将来を考える母親としては、深い思いやりといえましょう。かくして用事以外の外出は、なるべく郊外に出るようにし、しかもその郊外も、あまり人の雑踏《ざっとう》しないような場所を選ぶのが賢明でしょう。

母親の修養

どんな母も、子どもにとっては一応絶対である――この一語の中に母親たる人の修養は、どれほど心してもなお足りないという事が、自《おの》ずから含まれているわけです。

＊

母親の修養という事も、日々の具体的な事柄としては、妻として、主婦として及び母として、自分の為すべき仕事以外の何物でもないわけです。ただ問題は、それらがどれほど深い自覚によって、またいかほど充実せしめられるか否かが問題です。そしてそれは、ある意味では無限といってもよいでしょう。

＊

世の母親たる者は、この至らぬ自分のようなものでも、これを絶対無上として、なついてくれるわが子に対して、実に限りない深い責任があるといえましょう。同時にこの点からは、女性の修養は男子以上に大切であり、それ故また女性の修養は、実に尽きる時がないともいえるわけです。

＊

母親のすることは、子どもにとってはその一々が、みな手本どころか、子どもにとっては、母親はまるで全世界だともいえましょう。したがって、母親が漬物嫌いだと、その子も漬物嫌いに育つというようなものです。そしてこれが母親の派手《はで》好きとか、さらに財布のしまりのなさなどという事になりますと、それはわが子の一生の運命をつまずかせる原因にさえなりかねないわけです。世間で「嫁《よめ》を貰《もら》うなら母親をみて貰え」というのも、全くこのような事をいうのでしょう。

理想の母

真に自覚した母親は、地上最上の教師である。

いかなる母親も、その子の心にだけは己が姿を刻むわけです。少なくとも、その子の生きている間は不滅なわけです。そしてそれが一段進むと、その影響は孫にまで及ぶわけです。そしてそれを超えて、やがては周囲にも及ぶわけです。そしてそれは、その人の生命の真実への徹し方の深浅に比例するといってよいでしょう。

＊

女性としての最終の理想は、その子がいかに優れた人物となろうとも、終生その母を敬うような母親になるという事。今一つは、嫁から感心せられるような姑《しゅうとめ》となることだといえましょう。しかも、多くの場合この二つは、二つでなくして一つであるといえるようです。

＊

母親としての真の理想は、生きている限り、わが子の教育者であり得る事でしょう。大臣になった子も、その母親に会う事によって常に学ぶ所があるというのが、母親としての最高の理想といえましょう。同時にこの事は、女性は少なくとも母となる事によって、命がけで生涯修養をしなければならぬということでしょう。

＊

女性としての人生の究極の目標は、わが子の育て方が、天下の母の手本になるという事でしょう。ここにわが子を育てることが、そのまま天下の子女を育てる意味をもち、天下の母たるの意味があるゆえんです。

障害児をもつ母に

知的障害児や身障児をもたれる両親、とりわけ母親は悲歎《ひたん》の極《きわ》み、必ず一度はこの子と共に身を滅ぼしたいとの思いに駆られるとのことですが、そうした幾つかの涙の谷を越えたあげくの果てに、やがて、この子のおかげで自分も人間としての眼を開かせてもらい、真実の母の心に目覚めさせられたと思われるようです。

＊

めぐまれない障害児のわが子と共に、日々苦闘《くとう》せられる親御《おやご》さんたちが、互いに手をとり合って慰《なぐさ》め合いつつ生きていかれる姿ほど、世に貴《とうと》くも心打たれるものはありません。この辛さ、この苦しみは、障害児を持つお母さん方の一人残らずが耐え忍びつつ生きておられるわけです。障害児を持つ母親の手記などをお読みになって、生きる力と光を得て頂きたいものです。

＊

読書も、単に才能だけで書かれた書物より、自殺寸前というようなギリギリの逆境を突破して、見事に生き抜いた人のものをお読みになるようお奨《すす》めしたいものです。

例えば、

『無手の法悦』　大石順教著　（春秋社発行）

『わが半生記』　木村浩子著　（山口県玖珂郡周東町祖生　著者あて）

『こころの手足』　中村久子著　（春秋社発行）

『本日ただいま誕生』　小沢道雄著　（柏樹社発行）

『悲しみの底《そこひ》に光るもの』　小林顥一著　（堺市大美野一三四番　著者あて）

＊

同時に恵まれない子をもつ母の手記として、ねがわくばご自身の「苦闘の記録」をも残して頂きたいものです。これがまた、天下同悲《どうひ》の方々への、大いなる光となり力となることと思います。

＊

悲しみの極みといふもなほ足りぬ
いのちの果てにみほとけに逢う

不尽

七　働く女性のために

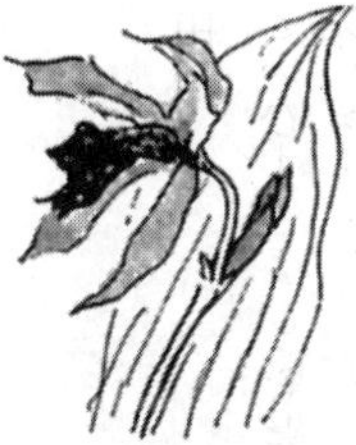

素朴な琴

このあかるさのなかへ
ひとつの素朴な琴をおけば
秋の美しさに耐えかねて
琴はしずかに鳴りいだすだろう

八木重吉

福田　与

父母といひ夫とよびもし子といへる深きえにしにさからふべしや
忍苦こそわが生涯の行く道と知りしこの頃心やすけし
あどけなき聾児《ろうじ》なりしを十年経て少女《おとめ》さびつつあはれなりけり
百円に売られて行きし黒牛のその眼差《まなざ》しを今も忘れず
春日あび山柳《りょうぶ》の木の芽摘みてあれば山鶯《うぐひす》の声しきりなり
黄菊咲くかたへの鶏舎にうづらちゃぼ三つの卵をあたためて居り
武蔵野《むさしの》に寒夜の星を仰ぎつつ語りし去年の君はいまさず

夫婦共働き

未婚の女性はともかくも、既婚女性、すなわち世帯をもちつつ外に勤めて働く女性は、「一人二役」の難役を果たさねばならぬわけです。職場にあっては、与えられた仕事の勤めを十分に果たし、また家へ帰れば主婦として、妻として、さらには母として、遜色《そんしょく》なき働きをしなければならぬわけです。

*

戦後の教育を受けた人のなかには、「女性も何か仕事をしなければ、人生の生き甲斐がない」というふうな、漠然《ばくぜん》とした一種の憧《あこが》れを持っている人が少なくないようです。しかし、独身時代はともかく、結婚後は出産・育児という難関が控えており、女性が就職し続けるという事が、いかに至難であるかの認識を深める必要があり、ひいては今後の「女性の生き方」こそ、民族の最深の課題であることを知るべきでありましょう。

＊

「共働き」の場合最大の犠牲者は、いうまでもなくわが子です。つまり、夫婦共に家を出て働くために、子どもたちは全然放ったらかしになるわけで、いわゆる「カギッ子」問題がそれです。たとえ家の戸は閉めてなくても、子どもたちは学校から帰って、わが家に母親の姿が見えぬという事ほど、子どもにとって寂《さび》しくも物足りない気持のすることはないでしょう。その場合、祖父母がいて迎えてくれれば多少は慰《なぐさ》めになりましょうが、母親のようでないのは当然です。

＊

それゆえ「夫婦共働き」は、何よりもわが子の上に多少のマイナスの生じることを覚悟しなければならないでしょう。なるほど収入面では、一おう確かにプラスにはなっても、そこには必ずみえないマイナス面があるわけで、とりわけわが子に現われるマイナスです。ここにも「世の中に両方良いことはない」という「宇宙の大法」が作用《はたら》くわけです。「共働き」において比較的弊害《へいがい》の少ない唯一の例外は、聡明《そうめい》で心暖かいリッパな祖父母があって、心からの支持と協力が得られる場合でしょう。

＊

NHKの連続ドラマ「女太閤記《たいこうき》」の脚本を執筆せられた橋田壽賀子さんは、インタビューで、「仕事をもつ女性は〝疲れた〟とはゼッタイに言わないこと。疲れているのはお互いさまだからです。それからもう一つ、夫や家族に対して、自分は仕事をさせてもらっているという意識をいつも忘れないことが必要です」と言っておられますが、働く女性にとって誠に傾聴すべき至言《しげん》だと思います。

＊

共働きの奥さんの中には、放縦《ほうじゅう》な家計をしている人もおられるようですが、そういうことでは、夫や子どもを犠牲にしてまで勤める意味が、果たしてあるといえるかどうか、大なる疑問といえましょう。共働きの場合、妻の収入の二分の一前後は必ず蓄えるようにということが原則でしょう。

＊

近時の産児制限によって、子どもの数が少なくなり、したがって子どもの手離れ時期も早くなり、四十才も過ぎる年頃ともなれば、女性の余暇《よか》時間は急激に増える傾向にあります。したがってその余暇時間を家事以外にいかに生かすかは、一つの重要な問題となりつつあるといえます。そこで

㈠　趣味やけい古ごとに打ち込むか
㈡　対社会的なグループ活動に参加するか
㈢　適当な内職を探し出すか、ないし
㈣　時間パートの勤務を見つけるか
㈤　さらに人によっては終日勤務の途《みち》を選ぶか

等々、一家の事情と当人の希望によって、種々の途があって一概《いちがい》には言えないですが、しかし㈣はともかくも、㈤は幾多《いくた》の問題を孕《はら》んでおりますゆえ、十分な夫の理解と協力の得られることが先決問題でありましょう。

＊

時間パートの勤務は、申すまでもない事ながら、子どもや主人の帰宅までの時間を選ぶべきは当然です。しかしそこには勤め先の都合もあり、時間給の問題もあって一概には言えないことでしょうが、あくまで母たり妻たり、一家の主婦たる重責から免れぬ事だけは、くれぐれも深く心すべきであります。

＊

女性の就職として教師志願者がとみに急増しておりますが、女教師という仕事は、あらゆる女性の職業中、もっとも恵まれた仕事だともいえましょう。しかしそれだけにまた要請《ようせい》されるものがいかに厳しいものかを知らねばならないでしょう。女教師の仕事は、結局「一人二役」の難役といえましょう。即《すなわ》ちそれは教師という一役と、主婦及び母親という役目とを一身上に背負うことを、その運命としているわけで、この点に対する深い認識と覚悟こそ、実は女教師にとって、一番重大な根本的な心構えというべきでしょう。

わたくしは原則的には、共働き生活というものは、人生のある時期になったらこれを打ち切って、純粋に妻および母の座に還って、夫や子供たちへのつぐないの生活に入ってこそ、真に女性としての人生を全《まっと》うするゆえんと考えるものです。そしてその時期は、やはり恩給《おんきゅう》年限に達してから、三年ないし五年辺りをもって一つの線と考えてもよくはないかとも思います。

＊

現在、高等教育を受けた女性の中には、女性もまた男性に伍《ご》して自己の個性を磨き、その能力を発揮すべきであるという考えの人が少なくないようですが、女性が個性発揮の道を選ぶには、素質と環境という条件において、男性に比べより困難があることを予想すべきでありましょう。と言うのもこれは天の摂理《せつり》というべきで、神はもともと女性を個性の発揮を第一義としては造りたまわず、その他により大いなる使命を与えたまう故《ゆえ》でありましょう。

＊

時代と共に、女性が外で働く傾向がつよくなり、「家事」専従の主婦が減少するかの傾向を、一時期憂慮《ゆうりょ》いたしましたが、さすがに日本民族のバランス感覚によるのでしょうか、近ごろUターン現象の徴兆《ちょうちょう》が随処《ずいしょ》にみられます。即ち家庭中心主義への復元が感じられ出したという事です。現在ソビエト（ロシア）ではその国柄上女性の就職は一〇〇％であり、アメリカでは五〇％、そして日本ではその又半分の二五％程度をもって一おうの基準と考えてはいかがでしょう。東西文明の接点として——。

＊

昼食時間や退勤時に、OLの女性喫煙者が急増しているということですが、民族の前途を考える時、全《まった》くゆゆしい問題です。私はかねてより男は二十五才の誕生日までは喫煙しない様に——と思念していますが、女性の場合には、一生煙草は吸うべきでないでしょう。その理由は、女性の喫煙は胎児の血液をニコチン化し、また経済上からも、女性までが煙草を吸い出してはどうなるものでもありません。

特殊の才能を持つ女性

わたくしは女性といえども、真に才能に恵まれた人の場合には、大いにそれを発揮し実現するがよいと考えている人間です。もっともそのような女性は、男と比べてきわめて少ないわけですが、しかしそれだけに稀少《きしょう》価値として十分重視したいと考えるものです。

＊

㈠ しかし一般論としては、女性はヤハリ家を治めるのがその本来であり、したがってその方が概して幸せといえましょう
㈡ 女性でもしある種の才能を発揮すれば、同じ程度の仕事でも稀少価値ゆえ、ある程度男性の仕事と比べて意義があるといえる

これら二つの考え方は、全く正反対の矛盾した考え方ではなく、根本的には同一の

考え方の表裏の両面といってよいでしょう。というのは第二項の次に「ただし、女性が真に個性発揮の道へ進もうとしたら、結局は独身をすら覚悟しなければなるまい」という必要さえ感ずるわけで、こうした覚悟すら個性発揮を志す女性には根本的に必要といえましょう。

＊

わたくしの申したいのは、女性が真にその個性を発揮するには、現状では一応「独身を覚悟してかかる必要がある」と思うわけですが、しかしそれは必ずしも「独身主義を貫かねばならぬ」などと申しているわけではないわけで、相当な所まで行ったあげくに、もし適当な配偶者が見つかれば、もちろん結婚されるがよいわけです。もっともここでわたくしが、「適当な配偶者」というのは、「理想的な配偶者」などという野暮《やぼ》なことを意味するのでないことは、改めて申すまでもないでしょう。

＊

では、なに故女性は、その個性を発揮するのに、男性と違って独身を覚悟しなければばならぬのか。それでは不公平ではないかと疑問に思われる人もありましょう。そしてこれは「男女同権」を単に形式的に考える立場からは、この点の説明は出て来ないと申してよいのです。これは「男女の天的分担」の相違からくる事柄で、いわば造物主の責任に帰すべき事柄だからです。男は、造物主から個性を発揮するように造られているのに反して、女性の方は個性を生みかつ育くむのが第一の分担であって、直接個性を発揮することが第一使命ではないといえそうです。

＊

もし男を鋭角三角形に例えるとしたら女は円に相当し、男の特徴をその個性的な鋭さにあるとすれば、女の特徴は、円としてすべてを包容する所にあるわけです。すなわち、男性の鋭さを包容しながら、やがては、鋭い個性的な男性を生み出し育て上げる所に、「天」が女性に命じるその特有な分担があるわけです。

高群逸枝

特殊な個性を発揮した女性という点で、明治以後今日までの一〇〇年間で、わたしが特に心をひかれる女性が三人あります。年代順に申しますと、第一が与謝野晶子《よさのあきこ》、ついで平塚《ひらつか》らいてう、そして第三が高群逸枝《たかむれいつえ》です。この高群逸枝については、一部の心ある人びと以外には、未だその真価が充分に認識されていませんが、いずれは広くその名を知られる日がくるわけで、しかもそれもそう遠くないでしょう。

＊

高群逸枝は、三十代の半ば過ぎからおのが研究――日本女性史の研究――に本格的に取り組み出してから、三十何年という永い歳月を、日本女性史の研究のために捧げたのであります。そしてその陰《かげ》には、夫君《ふくん》の橋本憲三氏の涙ぐましい献身的奉仕があったればこそですが、ふつうの学者と違う「不屈の魂」と情熱を持ちつづけた女性として、正に日本人ばなれした女性といってもよいでしょう。

＊

最初は詩人として人生を出発し、やがて思想家となり、学者としてついに前人未到の領域を開いた、ある意味では「神秘の女性」ともいうべき高群逸枝。この偉大な女性に対して関心をお持ちの方はこの人の自伝ともいうべき『火の国の女の日記』上下（講談社文庫）をゼヒお読み下さい。

＊

女性が真に自分の個性を発揮するということが、いかに容易ならぬことか、否、それどころではなく、それがいかに凄絶《せいぜつ》ともいうべき生涯になるかということの一端を知って頂くために、そして、いつまでも夢のような甘い考えに浮かされていないために——ここに高群逸枝の片鱗《へんりん》をご紹介した次第です。

＊

数多い女性の中には、卓《すぐ》れた素質と条件に恵まれ、また種々の悪条件を克服して天《てん》賦《ぷ》の個性的能力を十二分に発揮し、立派になった女性も少なくはありません。しかしこれらの人々は、一般的な女性の道からいえば、特殊な天分を恵まれた女性といってよく、一おうは独身を覚悟しなければ行きにくい道を歩んだ人々と申してもよいでしょう。

それ故、大方の女性の進むべき大道としては、結局は良き妻、良き母としてその生涯を送るところに、女性としての真の落ち着きが得られるといえましょう。そしてそれは、結局それが「宇宙の大法」の命ずる道——だからと申すほかないでしょう。

八　未亡人・独身女性

石

ながい間からだが悪く
うつむいて歩いていたら
夕陽につつまれてひとつの
小石がころがっていた

八木重吉

池上三重子

われ病めばいつの日までも生き居ませ昼寝の母の息のひそけし

ふるさとの背戸《せど》の老い木は実をつけしや媼《おうな》小さき柿売りに来る

いつよりか槙《まき》の古枝に来ずなりし尾長思えりしぐるる夜を

ありありと見えて哀しき彼の家の庭の芭蕉葉すがれ初《そ》めいむ

無意識の靴にけられて石ころは暑き路傍の草にひそめり

花束をわれにくるるとふりそそぐ春陽《はるひ》の野辺《のべ》に子ら摘《つ》み競う

わがからだ浄《きよ》めくれたる老母が夜を濯《そそ》げるその音聞こゆ

未亡人の運命

女性にとって一ばん悲痛なことは、わが子を死なすことであり、また一ばん困るのは夫に先立たれることと申してよいでしょう。そのうちわが子を喪《うしな》った悲しみは、母親として最深の悲痛事というべきですが、同時にまた妻として夫に先立たれる寂しさは、深い不安と憂愁《ゆうしゅう》の中に、消える時とてはないでしょう。

＊

女性が夫に先立たれた場合、真っ先に考えねばならぬ事は、一刻も早くその生活程度を切り下げるということでしょう。その際、世間体《てい》などに拘《こだわ》らないで、思い切った断行を覚悟しなければなりますまい。結局、未亡人にとっては「貧しさに耐える」という事が、一切に優先してその土台になると思われるからです。

＊

女の人は、例え事前にどんな用意をしておいても――というのは、例えいかに貯金をしてみたとて、それで夫の死後、一家が安泰《あんたい》に食っていけるなどということは、絶対に不可能でありまして、それはセイゼイ夫が亡くなってから、自分の仕事が見つかるまでの間の、つなぎの程度でしかないでしょう。

＊

そこで万一の場合を考えて、何か資格を――例えば学校の教師とか、会計士または栄養師、ないしは看護婦等々の資格をとっておくということは、女の人にとっては確かに必要であって、それが夫の「死」という人生の最深の悲劇の際に、いかに大きな救いになるかは、改めて申すまでもない事です。

＊

女性の真の偉さは、未亡人となって初めて真に現れてくるようです。夫亡き後、その遺児《いじ》をどのように教育するかは、全《まった》く女性の真価の現れる頂点と言ってよいでしょう。

＊

古来東洋の婦人で、西洋の婦人とくらべて卓《すぐ》れているものと考えられて来たものに、婦徳とか婦道とか呼ばれているものがあって、それは大略して二つの場合に分けられるようです。

すなわち、一つは夫のある場合であり、今ひとつは、夫に先立たれた場合ですが、夫のある場合は、結局「柔の道」と言ってよいでしょうが、ひとたび夫亡き後には、一転して真の勁《つよ》さが出て来るのであります。否、夫亡き後に真の勁さの出る婦人は、夫の生きている間は、一般に柔順な婦人であるというのがその特質のようであります。これは一見相反するようですが実はそうではなくて、真の「無我」が境遇の逆変に応じて正逆の現われ方をするわけです。

＊

そもそも夫の死後、最愛のわが子を手放して再婚するということは、ひとり女としてのみならず、人間としても実に情けないしだいです。人間の頼《たの》もしさというものは、実はこうした場合にこそ発揮せられてしかるべきなのに——。しかも高い教育を受けた女性に、かえってこうした現象が多いのは何故《なぜ》でしょうか。

＊

女性が夫に対して真に柔順に徹《てっ》するとは、「我」を捨てて夫の精神に生きるということであり、そこに自分としても、かえって真に生きるのであります。それ故《ゆえ》、もし夫に万一のことでもあれば、わが子は、すなわち夫の遺児であり、夫の生きがたみでありますから、夫の死後無我の強さを発揮して、リッパにわが子を育て上げるのでありましょう。

＊

「女は弱し、されど母は強し」——この一語にこそ、女性の生き方としておそらくは最深の真理があるといえましょう。

「貞操」のこと

未亡人にとって大事なことは、「貞操《ていそう》」に関して、他人はもとより、わが子からも疑念を持たれないように――ということです。万が一この点に関して、たとえかすかにもせよ疑念を抱かれたとしたら、わが子のためのいかなる苦労も、すべては水泡《すいほう》に帰《き》するといえましょう。

＊

未亡人がわが子を大学へやるために貞操上の疑念を持たれるよりも、高校だけですませても貞操上の疑念をもたれないのは、母子ともにどんなに幸せか分からぬと思うのです。そして、女性の聡明《そうめい》さというものは、実はこうした点に対して、その認識がどれほど深く、かつ的確かという一事に懸《か》かっているといえましょう。

＊

女性としては、夫に死なれるという事は、この世における最大の試練といえます。一人の女性の真価は、実はその人が未亡人になってはじめてハッキリと現れるといってよいからです。思うに、女性の強さは、その女《ひと》がわが身にふりかかってくる苦しみと悩みを、どこまで耐え忍ぶかどうかということといってもよいでしょう。

再婚の問題

主人を亡くした場合、再婚の可否という問題ですが、わたくしは原則的には、夫を亡くして、しかも子どもの無い女《ひと》は、良縁があったら結婚した方が良かろうと考えるものです。

＊

再婚の先方に子どものある場合が多いとして、その際大事なことは、子どもはなるべく小さい子の方が良いということです。というのは、実母の面影《おもかげ》を心に刻まれている子どもの扱いは、よほど注意しないと、その子が脱線しないという保証はないからです。

＊

再婚の場合、今ひとつの注意として、先夫人の思い出を、なるべく夫から消そうなどと考えてはいけないということです。例えば、仏壇《ぶつだん》などに先夫人の写真が飾られていたりする場合、不快の念を抱いてそれを除《の》けようなどとは、絶対に考えてはならぬということです。そればかりか、むしろ先夫人の命日には、必ず仏壇の花を取り替えるとか、また子どもたちと一緒に仏壇にお詣《まい》りするとか、絶えず先夫人のために尽くすのを、できるだけ怠《おこた》らぬようにと心がけることが大切でしょう。

＊

次には、自分にも子どものある場合の再婚ですが、連れ子をしてまで再婚して大へんな苦労をするより、やはり未亡人としてわが子とともにつづまやかな生活を、親子水入らずで送るほうが、たとえ経済的には苦労が多いとしても、まだしもその方がまいではないかと思われます。

＊

わが子がそれぞれ仕上り、みな独立して、親として肩の荷のおりた場合の再婚についても、どうも積極的には賛成しかねる気持ちのほうが強いのです。それというのも、せっかく女手一つで苦労して育ててきたわが子との間が、それによって水臭くなるからです。それどころか、今までの苦労が報いられるのは、むしろこれからという時期にさしかかりながら、わが子を捨てて再婚するということは、あまり賢明な途《みち》とは言えないと思うのです。まして再婚先の二度目の夫に先立たれた場合に、どこへ行ってよいやら分かりかねるという場合も考えてみる必要がありましょう。

独身女性のために

たまたま婚期を逸した女《ひと》、また離婚して子のない女は、原則としては再婚も可とは思いますが、しかし一応心構えとしては「この天地間に唯《ただ》一人」という覚悟を決めて女性ながらも凛然《りんぜん》として「わが道」を歩んで頂きたいと思います。

＊

独身の女性としてはいつどこから、誘惑の魔手《ましゅ》がのびるか分かりませんが、身の処《しょ》し方を誤らないようくれぐれも心から念じて止みません。

＊

一人の人間として、女ながらもおのが与えられた職業を天職と心得、その仕事に全力をぶちこんで没頭し、そのポストにおいて、どうしても無くてはならぬ人となるよう渾身《こんしん》の努力を傾注するとともに、さらには後進の世話や指導もできるような立場にたって頂きたいものです。

＊

そして、何か一つ自分の肌にあう宗教を求めて「人間の生き方」や「心の治め方」を学び、これを日々の実践に生かしつつ、人間としての真の生き甲斐を会得《えとく》されるようねがわずにはいられません。

苦悩を通して

人間は、自己に与えられた条件をギリギリまで生かすという事が、人生の生き方の最大最深の要訣《ようけつ》です。

＊

一切の悩みは比較より生じる——。人間は他との比較をやめて、ひたすら自己の職務に専念すれば、おのずからそこに一小天地が開けて来るはずです。

＊

すべて悩みの脱却には行動が必要です。「南無阿弥陀仏」という念仏称名《ねんぶつしょうみょう》もそのひとつ。手紙を書くのも掃除をするのも、はたまた写経をするのも——それぞれ良かろうと思います。

＊

幸福とは、縁ある人びととの人間関係を嚙《か》みしめて、それを深く味わうところに生じる感謝の念にほかなりません。

＊

人は、どんな境遇にあっても、リンリンとして生きてゆける人間になることです。「天地の間、ただひとり立つ」の境涯に至って、人は初めて真に卓立《たくりつ》して、絶対の主体が立つのです。

＊

甘え心やもたれ心のある限り、とうていそこには至りえません。

＊

人間のシマリは「性」に対するシマリをもって最深とする。しかも異性に対する用心は、何といっても接近しないことである。いかなる人でも近づけば過ちなきを保し難いのが、「性」というものの深さでありその恐ろしさである。

＊

人間は真に覚悟を決めたら、そこから新しい知恵が湧《わ》いて、八方塞《ふさが》りと思ったところから一道の血路《けつろ》が開けてくるものです。

＊

いかにささやかな事でもいいのです。とにかく人間は他人のために尽くすことによって、はじめて自他ともに幸せになる。これだけは確かです。

＊

真に生き甲斐ある人生の生き方とは、つねに自己に与えられているマイナスをプラスに反転させて生きることである。

九　民族変質への深憂と男女共学

ふるさとの川

ふるさとの川よ
ふるさとの川よ
よい音をたてて
ながれているだろう
（母上のしろい足をひたすこともあるだろう）

八木重吉

三浦義一

あしびきの山をはなれてゆく雲のはかなきものかわれとわが児は
紫のちひさき花の咲きたるをみやこわすれと言ふは寂びしき
やまゆりは寂ぶしかれどもあをぐもの天つ日在《ま》せり何か歎かむ
あをぐものやどれる露の秋ぐさは夜半に泣きたるひとの如しも
暮れてゆく天城の峯《みね》をあふぎけりここの川べにひとり佇《た》ちつつ
さつまなる城山《しろやま》の根に埋みゐむ大きいのちを忘らえめやも
火の国の阿蘇《あそ》の煙のごとくにぞとはにし燃えむわれのいのちは

民族の変質

わたくしは、わが国現時の社会情勢については、これは単なる堕落《だらく》や頽廃《たいはい》ではなくて、今や民族の「変質」が始まりつつあるのではないかと深憂《しんゆう》に耐えないのです。

単なる頽廃や堕落なら、復元の可能性もあるわけですが、今やそれが不可能になりかけたのではないか——ということへの深憂です。すなわち、堕落とか頽廃といっている間は、何とか努力すれば元へ戻りますが、民族自体が「変質」しかけたということになると、もはや「復元」が利《き》かなくなるわけで、今やわれらの民族の上に、その様な質的変化が起こりつつあるのではあるまいか——と深憂の念に耐えないのです。

*

右に関する一つの事例として、最近女性の中には、われわれ男性と細い路《みち》などで出会った際、路をゆずろうとせず、止むなく男性のほうが路をゆずる——という場合が少なくはなく、否《いな》、十中七、八までがそうだといってよいほどです。こうした問題をとりあげると、今や男性自身もこうした事に対して不感症になりつつあるともいえましょうが、万一そうだとしたら、これなどもわたしのいわゆる民族の「変質」の一例証といえましょう。

＊

この一事の意味するものは、実に重大だと思うのです。それというのも、そのような場合に女性が思わず路をゆずるのは、そうした些細《ささい》なことで男性との間に無用な摩擦を避けるようにと、神が植え込んだ一種の自衛本能によるものだからです。そしてそれは、その時もし胎児を宿しているような場合を考えたら、何人にも自明なはずです。

＊

ところが戦後の男女共学により、男女共に自我意識の拡張教育により、こうした思慮深い造物主の意志が、今やいちじるしく損《そこな》われつつあるのが現状です。

＊

民族の間に起こりつつある「変質」の今一つの徴候《ちょうこう》は、中学で修学旅行に行った際、夕方旅館に着き夕食をすませた後で、女生徒が大挙して男生徒たちの室へなだれ込むが、それらはすべて女生徒が男生徒の室へ遊びに行くのであって、男生徒が女生徒の室へなだれ込む――という実例は、今日まで只《ただ》の一度も耳にしたことはないのです。では、男生徒のほうが性意識が稀薄《きはく》かというと、もちろんそうではなく、むしろ正逆といってよいのに――です。

＊

では、何故《なぜ》そのような現象が起こるかというに、それは女生徒の側に羞恥心《しゅうちしん》の喪失《そうしつ》が顕著《けんちょ》になってきたというほかないでしょう。では、何故女生徒の羞恥心がかくも失われて来たかというと、性教育なども考えられないわけではないが、しかしより根本的なものは「男女共学」制度から結果するというほかないでしょう。

＊

それというのも、男子には社会的意識ないし本能があるために、あまりに度を外れた突飛《とっぴ》な行動は、身のためにならぬ――という自衛本能があるが、女性は造物主から家庭を小宇宙とするように造られているために、一たん脱線すると全《まった》く途方《とほう》もないことをやりかねない傾向があるせいでしょう。とにかくこの様な状態を、いつまでも放置することは、断じて許されないことでしょう。

＊

同じく中学などで、生徒をハイキングに連れて行った際、昼食のために飯ごう炊さんでもさせようとすると、食事の支度《したく》をするのはみな男の生徒で、女生徒は食事の支度に加わらず、高見の見物を極《き》め込むということも、これ又《また》ただの一度として、逆の場合のあった事を聞いた事はないのです。かかる現象の相つぐのを見る時、今や民族の「変質化」が始まりつつあると見てよく、深憂に耐えないというのもムリからぬ事と思うのですがいかがでしょう。

男女共学の問題

戦後のわが国では、女性全体の上に「男性化」的現象が生じ、また反対に男性のほうには女性化現象が起こりつつあり、かくして民族全体の上からは中性的な無力化現象の進行がいちじるしく、民族の将来を考えるとき、実に重大な弱体化というほかなく誠に深憂に耐えない現象です。

＊

そのよってきたった原因としては、「男女同権」のはき違え、すなわち男女による分担の無視がその根因といえましょうが、同時に「男女共学」制を、あたかも絶対の真理であるかに誤想《ごそう》したことも、重大な根因といってよいでしょう。

＊

したがって、戦後すでに四分の一世紀を経過した現在、「男女共学制」に対して、いつまでもこれをタブー視せず、根本的な検討を加えるべき段階に達したといえましょう。否、この「男女共学制」の問題は、今や民族全体として、根本的な再検討を要する段階に達したといえましょう。

＊

「男女共学制」では、男女の教育程度に何らの差等を設けないという点は、一応はもっともな主張のごとくに見えながら、もともと女性の本質は心情面にあり、したがってそれを主知主義一辺倒の立場から、男女共学制を絶対視するのは、両性の心理の深奥《しんおう》を洞察《どうさつ》しえない極めて膚浅《ふせん》な見解というべきでしょう。

＊

デリケートな思春期の少年少女を一緒にして教育することにより、とくに女性側のこうむる見えない被害度については、実に深省《しんせい》を要するものがあるわけで、ただ男女を一緒に扱いさえすれば、それが公平だというような考え方は、教育の世界にあっては、実に許し難い謬見《びゅうけん》というべきでしょう。

それ故、現行の「男女共学制」にある程度変更を加える必要は十二分にあると考えるわけですが、しかも実際問題となると色々と困難な問題がありましょう。

第一には、中学で別学にするか、高校で別学にするか、あるいは中・高ともに別学にするか——等々色々なやり方があるわけです。わたくしは、強いて言えば、むしろ中学を別学にしてはいかがかと考える方に傾くものです。そして、高校をも別学にするか否かは、中学の結果を見た上でおもむろに検討したらいかがかと考えるものです。

＊

だが中・高のいずれを別学にするにしても、学者や評論家などがやかましく騒《さわ》ぎ立てて、その実施を妨《さまた》げることでしょう。その昔ソクラテスの嫌ったソフィスト（詭弁《きべん》学派）及びキリストの嫌悪したパリサイの徒（律法学者）は、現代においては、さしずめジャーナリズムで活躍する学者、評論家たちと、どこか似通っている所があるかに思うのですが——。

それ故ここ当分は、共学制の改革に先立ち、まず夏期休暇に一週間ないし十日間くらい、男生徒と女生徒とを全然別個に、徹底した人間修練を開始する——そしてこれは一刻も早いことが望ましいわけです。これなら、もしやる気にさえなれば、学校単位で即時始めることができるわけです。

*

そして行事としては、男子は険難《けんなん》を克服する訓練として、なるべく野外宿泊と山嶽《さんがく》の登攀《とうはん》に向け、女子はこれとは正逆の方向で、禅寺などを会場として、㈠静座、㈡清掃、㈢沈黙（午前中）、㈣料理、㈤風呂沸《わ》かし及び園芸等々——そして講話は何れもセイゼイ一時間半以内とすること等を考えているものです。

まこと深憂にたえず

かつて幕末に外国の使臣《ししん》が日本に来た時、彼らはわれわれ日本人が、いかに礼儀正しい国民であるかに驚き、かつ高く評価した事を、われわれは今一度深省する必要があるようです。この一事は、当時彼らを防ぎうるほどの武力なくして、辛《から》くも植民地にならなかった一原因であったとさえいわれているほどです。

＊

戦後アメリカ文化の皮相を模写的に移入することにより、わが国の男女両性の上には、今や一種の「風化現象」を生じつつあるといえましょう。そしてその病的・変質的な影響は、男女両性のうちいずれが甚大《じんだい》かといえば、いうまでもなく女性の側だといえましょう。

＊

とにかく、女性のユルミは男性と比べて、より深く民族の弛緩《しかん》につながると共に、女性が健全な状態を保っている限り、その民族の将来は安泰といえましょう。というのも、女性は次代の後継者を生みかつ育てるという重責を負うているが故です。こうした点から考えても、わが国の現状は、真に深憂の極みといってよいでしょう。

＊

戦後、占領軍による婦人解放が、わが国では単に男女の法律的平等や人格的平等観にとどまらないで、男女両性の役割の相違までも否定したかのような錯覚《さっかく》を生じ、しかもそれが洪水のように氾濫《はんらん》して、今やとどまるところを知らぬというのが現状です。その結果、若い女性の中には、もはや女性としての感覚の麻痺《まひ》した母性喪失者群が巷《ちまた》を彷徨《ほうこう》しているかの感があります。

＊

女性感覚の喪失は、やがて母性感覚の喪失につながるは必然であり、したがって、かかる「母性ならぬ女性」を母として育てられる子どもたちの運命を考える時、真に膚《はだ》に粟《あわ》を生ずる思いを禁じえません。

いわんや、そのような子らによって、将来支えられてゆかねばならぬ民族の将来を考える時、「深憂」という程度の表現ではなお足りない感がいたします。

＊

最近、わが子を母乳で育てる母親は、ほとんど見かけないほどの状態で、大都会では、十中八・九人までが、人工栄養の安易さに流れている現状では、子らの体質の脆弱化《ぜいじゃくか》の根因として、これまた深憂に耐えない現象です。

＊

最近の若い母親は、ほとんど母乳の出方が悪いどころか、ほとんど出なくなる傾向のようですが、そもそも何に起因するのでしょうか。食糧事情によるのでないとすれば、これまた女性の「変質」としか考えられないのです。すなわち「長期授乳は乳房の形を崩すので、美容上好ましくない」などという考えが、女性の間にまんえんし出したせいとしか考えられません。

＊

駅のトイレで、入口が一つで中が男女に別れている場合、時々女の方が入口に近くありますが――そういう駅が三割近くはありましょう――これなども、いわば国鉄そのものが、民族の「変質」に対して加勢しているわけです。しかもそれがかくべつ問題とならない所に、民族の「変質化」の一実証が見られるといえましょう。
（もしわたしのこのような提言に対して、「ナゼ女のトイレが入口に近い方にあってはいけないのか」――などということを言う人があるとしたら、も早まともな返答は無用で、そういう人は男女の〝性器〟の構造を考えてみられるがよいでしょう）

＊

現在わが国の離婚は、世界的にも二、三位の辺りにあるようで、真に寒心に耐えないわけですが、しかもさらに憂慮すべきは、そのうち女性側からの申し出が七割三分という驚くべき高比率に昇っている点でしょう。同時に、これが万一七割五分を突破する時が来るとしたら、もはや決定的に民族の「変質」と言ってよいと考えます。すなわち、そこまでいったら、今後それがある程度緩和《かんわ》したとしても、それが五割以下になることは、ほとんど望み難くなるのではないでしょうか。

母性的本能からいって、女性側からの離婚の申し出は、二割五分からセイゼイ三割程度を越えないのが、民族としてほぼ正常に近い比率といえよう。

女子教育

人類の教育史上三大古典の一つといわれるルソーの『エミール』において、全体の三分の一が女性教育論に当てられているという一事は、今や改めて深省を要する事柄といわねばならぬでしょう。人類の思想史上稀有《けう》の天才が、いかに女子教育を重視したか、また男女の性別の重大性をいかに深く洞察していたか等々、つぶさに再検討を要するものがありましょう。

＊

ルソーのいわんとする所は、女性は断片的素材的知識よりも、それらを心情の中に融かし込んだ、生きた真の「聡明さ」こそ、はるかに大切であり、その場の雰囲気を察して、やさしい行動の出来ることが必要だというわけです。この期に及んでもなお男女共学支持論者に対しては、この際改めて『エミール』の第五巻の彼の「女子教育論」を読んで頂きたいものです。

＊

男性というものは、人によっては狭い範囲の専門的な知識だけでも一応通用するわけですが、一般の女性には、狭い部門のいわゆる専門という必要はなく、広い範囲の教養のほかに、強いて専門といえば、それはいわば「家庭のオアシス」として、家族全員の心を照らし暖めるということです。したがって女性には、冷たい理屈や「血」の通わない断片的な知識は、元来それほど必要ではないわけです。

＊

そもそも女性というものは、民族における「大地」にも比すべきものといえましょう。何となれば、女性は子を生みかつ育てるという神聖な使命を負わされているが故です。したがって、女性の弛緩は民族の弛緩となり、女性の変質は民族の変質につながるわけです。いうなれば、民族の将来は女性のあり方いかんによって決まるといってても決して過言ではないわけです。同時にこの故にこそ、真の「女子教育」の重要性が、改めて今日声を大にして叫ばれねばならぬわけです。

全日本女性への願い

わたくしの申し上げたいことは「女性として生まれて来たことの幸せを、人生の晩年に至って、心から喜べるような女性になって頂けたら！」との一語に尽きるといってよいでしょう。

＊

それにつけても二十一世紀を迎えるわれわれ日本民族の前途は、全日本女性の日々の歩みと慎しみのいかんにかかっているといえましょう。言い換えれば、二十一世紀における日本の運命を背負って立つべき人間を生みかつ育てる責務の重大さを省みて、そのためには女性自身の本来の姿に立ち還って頂きたいのであります。

あとがき

かつて昭和五十三年に森信三先生の『不尽叢書《ふじんそうしょ》』(五冊セット)の第三集として、発行せられた『女人開眼抄』が、このたび致知出版社から、改めて一冊の単行本として出版せられるに到ったことは、まさに画期的なことと注目し、感謝しております。すでに同社より、森信三先生に関する書として、歴史的名著の『修身教授録』をはじめ、『森信三先生一日一語』『家庭教育の心得21』『女性のための修身教授録』『人生論としての読書論』、そして『森信三小伝』等々、仔細《しさい》に数えれば十数冊が刊行されるに到っております。

それに加えて今回、『女人開眼抄』が上梓《じょうし》せられることは、注目すべき英断と痛感せざるを得ません。これまでにも本書は、女子大の講本とされ、読書会のテキストとしても取り上げて頂いておりますが、一般書店で公刊、陽の目を仰《あお》ぐことに到るとは、よもや予想もしなかった事であります。

「男女共同参画」や「男女別姓問題」等々の政治的言論に代表せられるごとく、時代の潮流《ちょうりゅう》はますます男女同権の意識のみ前進し、男女両性に課せられた役割分担、使命の自覚に到っては、評論界に一切登場することすらない現状であります。また教育界におきましても、「男女共学」の反省として「男女別学」の問題が俎上《そじょう》にのぼることすらないというのが現状であります。

卑近《ひきん》な最近の傾向をみましても、車中もしくは喫茶店等において若い女性が座席において脚を組んだり、化粧をするのを散見《さんけん》いたします。「わが邦《くに》にあっては、女性が脚を組むのは避けねばなりません」と、かつて森信三先生が明言せられたことが思い出されます。また女性は、割り箸《ばし》のごとく、くるぶしから膝《ひざ》まであけずに座るべしと唱えられたことを、今も思い出さずにはおられません。

最近では車内で携帯を操作している人が男女を問わず多くなり、この現状を森先生がご覧になられたら、いかなる感想を寄せられることでしょう。時代と共に機械化文明の進歩は急速の度を加えつつありますが、便利さの反面、失われゆく心情面のあることを憂慮《ゆうりょ》せられることと思われます。

こうした時代の趨勢《すうせい》に抗《こう》して、森信三先生の「たしなみ」教育の復活や、立腰《りつよう》教育の提唱がどれだけ受け入れられるかは疑問ですが、戦後教育の反省と是正が叫《さけ》ばれるこの時代の転換期にあたり、必ずや一石を投ずるものと信じます。

今わたくしが本書を再読し、痛感してやまないことは、何とぞ第一章を克明にお読み頂いた上で、他の章に眼を転じて頂きたいということであります。すでに私共の近隣読書会では『女人開眼抄』を毎月のテキストとして活用し輪読いたしており、また本書をテキストとする「女性による女性のための読書会」の開講をお願いしておりまず。そして、すでに首都東京においても、また大阪においても、その一歩を踏み出して頂いております。

本書のすべてを全肯定して頂くには、年月を重ね、体験と内観を積み重ねて頂くよりほかございません。現に、直接女子大にて森信三先生の講義を受け、在学中、大いに反発せられたお方が、二児の母となり、独立したお仕事を持たれた今、はからずも読書会に出席せられておりま す。その方の曰《いわ》く、「今ではすべての一言一句が吸取紙のごとく、納得、理解できる」とのことであります。こうした貴重な実例もございますので、少しの余裕《ゆとり》を残して、お読み下さるよう願わしく存じます。

それにしても致知出版社社長の藤尾秀昭氏のご識見と編集部長の柳澤まり子様そして編集担当の番園雅子様のご支援により、本書刊行に踏み切って頂いたご洞見《どうけん》に敬意を表し、御礼を申し上げる次第です。

平成二十四年六月

寺田　一清

●森　信三先生・略歴

明治29年9月23日、愛知県知多郡武豊町に端山家の三男として生誕。両親不縁にして、3歳の時、半田市岩滑町の森家に養子として入籍。半田小学校高等科を経て名古屋第一師範に入学。その後、小学校教師を経て、広島高等師範に入学。在学中、生涯の師・西晋一郎先生に出会う。後に京都大学哲学科に進学し、西田幾多郎先生の教えに学ぶ。

大学院を経て、天王寺師範の専任教諭となり、師範本科生の修身科を担当。後に旧満州の建国大学教授に赴任。50歳で敗戦。九死に一生を得て翌年帰国。幾多の辛酸を経て、58歳で神戸大学教育学部教授に就任し、65歳まで務めた。70歳にしてかねて念願の『全集』25巻の出版刊行に着手。同時に神戸海星女子学院大学教授に迎えられる。

77歳長男の急逝を機に、独居自炊の生活に入る。80歳にして『全一学』五部作の執筆に没頭。86歳の時脳血栓のため入院し、以後療養を続ける。89歳にして『続全集』8巻の完結。平成4年11月21日、97歳で逝去。（年齢は数え年）

〈編者略歴〉

寺田一清（てらだ・いっせい）

昭和2年大阪府生まれ。旧制岸和田中学を卒業し、東亜外事専門学校に進むも病気のため中退。以後、家業の呉服商に従事。40年以来、森信三師に師事、著作の編集発行を担当する。社団法人「実践人の家」元常務理事。編著書に『森信三先生随聞記』『二宮尊徳一日一言』『森信三一日一語』『森信三小伝』『森信三の生き方信條』（いずれも致知出版社）など多数。

女人開眼抄

平成二十四年六月三十日第一刷発行

著者 森 信三

編者 寺田 一清

発行者 藤尾 秀昭

発行所 致知出版社

〒150-0001東京都渋谷区神宮前四の二十四の九

TEL（〇三）三七九六―二一一一

印刷 ㈱ディグ 製本 難波製本

落丁・乱丁はお取替え致します。 （検印廃止）

ISBN978-4-88474-970-5 C0095

ホームページ http://www.chichi.co.jp

Eメール books@chichi.co.jp